RYUHO OKAWA

DAS GESETZ DER SONNE

Eine Quelle, ein Planet, eine Menschheit

DAS GESETZ DER SONNE

EINE QUELLE
EIN PLANET
EINE MENSCHHEIT

Ryuho Okawa

IRH PRESS

Die Originalausgabe erschien 1997 unter dem Titel
„Taiyo-no-Ho"
bei IRH Press Co., Ltd., Tokio

2. Auflage 2017

Copyright © Ryuho Okawa 1997
German Translation © Happy Science 2001
Original Title "Taiyo-no-Ho"

© Ryuho Okawa 1997
Deutsche Übersetzung © Happy Science 2001
© der deutschsprachigen Ausgabe 2001
bei IRH Press Co., Ltd., Tokio,
in der Happy Science Gruppe

Aus dem Englischen übersetzt von Dr. Monika Cigler
Jacket Art and Design: LeVan Fisher Design
Jacket imagery: Shutterstock-Reistlin Magere/DrHitch

Verlag: IRH Press Co., Ltd., Tokio
Printed in Germany
ISBN 978-4-86395-898-2
www.irhpress.co.jp

INHALTSVERZEICHNIS

KAPITEL EINS
DAS LICHT DES KOSMISCHEN
BEWUSSTSEINS

KAPITEL ZWEI
DIE WAHRHEIT BUDDHAS SPRICHT ZU UNS ...

KAPITEL DREI
DER FLUSS DER LIEBE

KAPITEL VIER
ERLEUCHTUNG AUF HÖCHSTER STUFE

KAPITEL FÜNF
DAS GOLDENE ZEITALTER

KAPITEL SECHS
DER WEG ZU EL CANTARE (1)

KAPITEL SIEBEN
DER WEG ZU EL CANTARE (2):
EIN AUTOBIOGRAPHISCHER BERICHT

VORWORT

Diese Ausgabe von *Das Gesetz der Sonne — eine Quelle, ein Planet, eine Menschheit* wurde 1994 in Japan veröffentlicht. Zusammen mit einer vorangegangenen Version wurde das Buch einige Millionen Mal verkauft, wodurch mein Name in ganz Japan bekannt wurde. Die internationale Presse berichtete regelmäßig über unsere Organisation Happy Science.

Es handelt sich bei dem vorliegenden Buch nur um eines von vielen Büchern, die ich veröffentlicht habe, aber es ist ein wichtiges Werk, in dem ich meine grundlegenden Gedanken niedergeschrieben habe. Es werden darin nicht nur Geheimnisse über unsere multidimensionale Welt, die Schöpfung des Universums und die Wahrheit über die gesamte Menschheitsgeschichte offenbart, sondern es enthält auch genaue Richtlinien für Menschen, die sich auf der Suche nach Erleuchtung und spiritueller Vervollkommnung befinden. Dieses Buch ist das Evangelium unserer Zeit, die Heilige Schrift des neuen Zeitalters. Unsere Denkweise, welche Christentum und Buddhismus vereint, wird uns Erlösung bringen und die Menschheit des kommenden Zeitalters prägen.

Das Buch ist äußerst mystisch, und es hat wenig Sinn zu versuchen, es mit unserem „gesunden Menschenverstand" zu verstehen. Ich rate eher dazu, dass wir versuchen, über diesen „gesunden Menschenverstand" hinaus zu denken — denn ich bin der festen Überzeugung, dass Menschen, die solche Ansichten haben, aus dem politischen und wirtschaftlichen Chaos der Welt als neue Führungspersönlichkeiten hervorgehen und die Menschheit zum wahren Glück leiten können.

Ryuho Okawa

Gründer und Vorsitzender der Happy Science Gruppe

Januar 2011

· I ·

DAS LICHT DES KOSMISCHEN BEWUSSTSEINS

1.1 *Die Wahrheit Buddhas – unsere geistige Sonne*

„Kosmisches Bewusstsein", „Ewig gültiges Gesetz" – all das sind Ausdrücke, mit denen man den Begriff der *Wahrheit Buddhas*, des Quell allen Lebens, zu erklären versucht.

Die Wahrheit Buddhas zieht sich wie ein goldener Faden durch die Vergangenheit, Gegenwart und Zukunft der Menschen. Im Laufe der Geschichte wurde er immer wieder zu feinen Geweben verarbeitet, welche die Herzen der Menschen vor der Kälte beschützten. Diese Gewebe nahmen in Indien die Gestalt des Buddhismus, in China die des Konfuzianismus oder in Israel die des Christentums an.

Das soll allerdings nicht heißen, dass es diese Gewebe nur in der fernen Vergangenheit, vor zwei- oder dreitausend Jahren gab.

Bis heute wird der goldene Faden in der ganzen Welt zu kleineren oder größeren Geweben verarbeitet.

So wurde in Japan der Buddhismus in der Heian-Zeit (794–1185) u. a. durch Kūkai verbreitet; in der darauffolgenden Kamakura-Zeit (1185–1333) kam es zu einem Wiederaufleben desselben durch die Mönche Hōnen, Shinran, Eisai, Dōgen, Myōe, Nichiren und Ippen, und später setzte sich Rennyo für die Restauration der Jōdo-Shinshū-Sekte ein. In Indien wirkte Nagarjuna, in China T'ien-t'ai Chih-i. Sie alle bilden verschiedene Stränge ein- und desselben Gewebes – des Gewebes der *Wahrheit Buddhas.*

Wir leben in einer Welt, in der uns der Materialismus überrollt und in der spirituelle Reife nicht mehr gefragt zu sein scheint. Deshalb brauchen wir nichts so dringend wie die wärmespendende Sonne der Wahrheit Buddhas. So wie die Sonne am Himmel die Wesen auf der Erde mit Lebensenergie versorgt, genauso versorgt die Sonne der Wahrheit Buddhas uns Menschen ständig mit neuer Lebenskraft. Und so wie die Sonne immer da ist, auch wenn sie von Zeit zu Zeit hinter Wolken versteckt ist, so ist auch Buddhas Sonne immer da, auch wenn es Zeiten gibt, wo wir sie nicht sehen und wo wir uns verwirrt fühlen, weil wir das Gefühl haben, sie sei für immer verschwunden. Wenn wir sie nach solchen Zeiten wieder sehen, dann wissen wir: *Das Licht der Rettung ist da, das Licht der Erlösung, das Licht des Lebens*, das uns aus dem Dunkel holt.

Diese Wahrheit Buddhas ist es, die ich in dem vorliegenden Buch an alle Menschen weitergeben möchte, insbesondere an all jene, die das Gefühl haben, dass für sie die Sonne der Wahrheit am Horizont untergegangen ist.

Hier, in jenem kleinen Winkel des Planeten, wo ich wohne, wird die Sonne der Wahrheit Buddhas wieder aufgehen. Von hier wird sie die ganze Welt erhellen, denn unsere moderne Welt braucht nichts so nötig wie dieses Licht, sie braucht die Sonne der Wahrheit, damit sie uns aus der Dunkelheit und aus den falschen Illusionen holt, mit denen wir uns so gern umgeben.

Ich habe dieses Buch geschrieben, weil ich die Botschaft, die in der Wahrheit Buddhas steckt, an möglichst viele Menschen weitergeben möchte und hoffe, dass sie diese zu ihrem Lebensziel machen und dafür kämpfen. In jedes einzelne Wort, das ich geschrieben habe, habe ich meinen innigsten Wunsch gelegt, der Menschheit Erlösung zu bringen: Jedes Wort ist voll von Leben, voll von Licht, und ich wünsche mir, dass meine Brüder und Schwestern auf der ganzen Welt meine Worte zu schätzen wissen und danach handeln.

1.2 Was ist „Buddha"?

Sicherlich haben sich viele von uns schon das eine oder andere Mal Gedanken über den wahren Sinn des Lebens gemacht. Doch zu welchem Schluss sind wir gekommen?

Wenn wir über das Leben nachdenken, so müssen wir uns zunächst einmal darüber klar werden, was das Wort überhaupt bedeutet. Für viele Menschen ist „Leben" nichts anderes als die Zeitspanne von ein paar Jahrzehnten zwischen unserer Geburt und unserem Tod, die wir auf der Erde verbringen. Wenn auch Sie zu jenen Personen gehören, die so denken, dann wird Ihnen dieses Buch zu einem grundlegenden Wandel Ihrer Denkweise verhelfen. Wäre nämlich Leben nichts anderes als das, dann würde das bedeuten, dass von uns allen, die wir zu einem bestimmten Zeitpunkt in diese Welt geboren wurden und von unseren Eltern einen bestimmten Namen bekommen haben, bei unserem Tod nicht mehr übrigbleibt als die Erinnerung an diesen Namen, ein paar Knochen und eine Handvoll Asche. Der Rest wird umgewandelt in Kohlendioxid und Wasserstoff und verdunstet.

Wäre dies so, wofür strengen wir uns dann im Leben überhaupt an? Wofür lernen wir, wofür nehmen wir Mühen auf uns? Wofür verfolgen wir unsere Ideale, wofür haben wir überhaupt noch Träume?

Sollte die Lehre, die Buddha Shakyamuni als Gautama Siddharta vor mehr als 2.500 Jahren in Indien verbreitet hat, eine Lüge gewesen sein? Die 80 Jahre seines Lebens, in denen er vom

Sinn des Lebens und von der Welt nach dem Tod, der *wirklichen* Welt, gepredigt hat, nichts als leere Worte, um die Menschheit irrezuführen? Bestimmt nicht. Es war mit Sicherheit die Lehre eines großen, zur Erleuchtung gelangten Menschen.

Wir sind stolz auf unsere modernen Erkenntnisse und auf unseren Fortschritt – aber gibt es irgendjemanden unter uns, der sich rühmen könnte, so viel von der Wahrheit zu verstehen, dass er die Lehren des Buddha Shakyamuni anfechten oder widerlegen könnte? Oder die Wahrheit, wie sie Jesus Christus vor zweitausend Jahren gepredigt hat? Waren auch das nur leere Worte? Ist es möglich, dass der Gott, an den Jesus und mit ihm über eine Milliarde Personen auf der ganzen Welt glauben, eine wertlose Einbildung oder ein von Jesus Christus erfundenes Hirngespinst ist?

Heutzutage billigen viele der „Wissenschaft" einen höheren Stellenwert zu als Lehren, an die die Menschen schon mehrere tausend Jahre lang glauben und an denen sie festhalten. Leider wird diese Ansicht von einigen Wissenschaftlern geteilt, die sich davon Ansehen und Autorität erhoffen. Vielleicht ist es ein Trost zu wissen, dass diese kleine Gruppe in keiner Weise auch nur annähernd an die geistige Größe der alten Lehrmeister der Wahrheit heranreicht.

Jenen Vertretern des pseudo-wissenschaftlichen Rationalismus, die behaupten, sie würden an Geistwesen in der *wirklichen* Welt glauben, wenn sie sie nur sehen könnten, muss ich sagen, wie schade es ist, dass ihr Horizont und ihre Vorstellungskraft so beschränkt sind. Aber gegen diese Beschränkungen kann etwas getan werden, das notwendige Wissen um die Wahrheit kann durch Meditation über die Werke jener großen Geistwesen erworben werden, die auf der Erde wiedergeboren und zu Menschen geworden sind, wie etwa Jesus oder Buddha. Und ist nicht gerade dieses Suchen nach der Wahrheit die Grundlage für jede „wissenschaftliche Forschung"?

In unserem täglichen Leben tritt uns Buddha mit seiner Lehre und seiner Wahrheit immer wieder entgegen, insbesondere zu Zeiten, in denen starke Emotionen im Spiel sind – bei Geburt oder Tod, aber auch im Fall von Krankheit, Liebe oder Verzweiflung. Bei diesen Zusammentreffen mit Buddha spüren wir so etwas wie ein kosmisches Bewusstsein, das allen Dingen dieser und der wirklichen Welt innewohnt.

Ich werde in dem vorliegenden Buch immer wieder versuchen, Antworten auf die Frage „Was ist Buddha eigentlich?" zu geben und auf diesem Weg auch meine Gedanken zu Sinn und Aufgabe des Lebens darlegen.

1.3 Existenz und Zeit

All die unterschiedlichen Formen der Existenz auf unserem Planeten – seien es Lebewesen oder anorganische Objekte der Natur – sind einem unverrückbaren Gesetz unterworfen: dem Gesetz des steten Wandels. Nichts und niemand kann sich diesem Gesetz entziehen. Egal, ob Menschen, Tiere, Pflanzen, Mikroben oder Mineralien – alle sind in einem steten Wandel begriffen. Einfach erklärt bedeutet dies, alles entsteht, entwickelt sich weiter, verfällt und verschwindet schließlich. Der Mensch wird geboren, wächst und wird erwachsen, altert und stirbt. Dieses Gesetz gilt nicht nur für natürliche Objekte, sondern auch für von Menschenhand geschaffene, wie z. B. ein Auto: Es wird gebaut, leistet dem Menschen eine Zeitlang gute Dienste, wird alt und reparaturanfällig und letztendlich verschrottet. Oder betrachten wir das Beispiel einer Pflanze: Ein Samen wird gesät, eine Knospe sprießt, eine schöne Blume entsteht, aber über kurz oder lang verwelkt diese, und nichts außer dem Samen oder der Zwiebel in der Erde gibt Aufschluss darüber, dass sie überhaupt jemals existiert hat.

Alle Formen des Lebens (wie auch alle anorganischen Objekte) unserer dreidimensionalen Welt müssen also die folgenden vier Stufen durchlaufen:

Geburt > Wachstum > Verfall > Tod

So etwas wie eine statische Existenz gibt es nicht. Man könnte sagen, der stete Wandel ist geradezu die Vorbedingung für unsere Existenz. Es ist wie in einem Film, gesehen durch den Projektor der Zeit: Alle Dinge sind bereits darauf vorprogrammiert, im Verlauf der Zeit diesen Wandel durchzumachen. Nichts kann im gleichen Zustand verbleiben. Ein gutes Beispiel dafür sind die Zellen unseres Körpers, die bereits heute nicht mehr die gleiche Zusammensetzung wie gestern aufweisen.

Doch obwohl sich unsere Zellen jeden Tag verändern, gibt es doch etwas, das die Zellen zusammenhält, das dafür sorgt, dass wir trotz der ständigen Veränderungen immer dieselbe Person bleiben, die wir vorher waren.

Es muss also innerhalb des steten Wandels im Verlauf der Zeit irgendetwas geben, das unveränderlich ist, und zwar gleichermaßen bei Menschen, Tieren und Pflanzen; etwas, das aus einer Blume eine Blume macht und nicht nur eine zufällige Anhäufung von Zellen. Denn andernfalls würde sich diese Blume aufgrund des Gesetzes des steten Wandels eines Tages plötzlich in eine andere Lebensform verwandeln. Aber eine Blume bleibt immer nur eine Blume. Sie war gestern eine Blume, sie ist heute eine Blume und sie wird auch morgen eine Blume sein. Es ist nicht möglich, dass aus ihr plötzlich ein Tier oder ein Mensch entsteht. Außerdem kann sich eine Chrysantheme nicht in eine Tulpe verwandeln und eine Tulpe nicht in ein Gänseblümchen. Eine Tulpe wird ihr Leben auch als Tulpe beenden.

Irgendetwas inmitten des steten Wandels aller Dinge bleibt also unverändert. Dieses Irgendetwas könnte man beschreiben als die *wirkliche Existenz*, die absolute Wahrheit, die für immer bestehen bleibt. In der buddhistischen Philosophie gibt es ein berühmtes Wort, das das, was ich aussagen möchte, zusammenfasst, auch wenn es paradox klingt: *Form ist nichts anderes als Leere; Leere nichts anderes als Form.*

Es besagt, dass es die *wirkliche Existenz* gibt, etwas, das sich innerhalb des Kreislaufs der steten Veränderungen nicht mitverändert, ja, es geht sogar noch weiter, indem es behauptet, dass alles in dieser Welt der Veränderungen eigentlich nur die Projektion einer *großen, allgegenwärtigen Existenz* ist.

Wir Menschen sind mehr als eine zufällige Anhäufung von Zellen, die den Namen „Mensch" bekommen hat. Das wahre Wesen des Menschseins besteht nicht in einer flüchtigen, den steten Veränderungen im Laufe der Zeit unterworfenen Existenz, sondern in der *wirklichen Existenz*, die sich niemals verändert – das ist das wirkliche Leben, das ist unsere Seele, das ist das Geistwesen in uns.

Dabei verstehe ich unter dem Begriff „Geistwesen" nicht irgendeine höchst wundersame Erscheinung, sondern einfach unser *wirkliches Sein*, das sich nicht verändert und verantwortlich ist für uns Menschen auf der Erde, für die individuell unterschiedlich ausgeprägten Formen der Intelligenz; es ist so etwas wie unser individuelles Bewusstsein, das unsere Persönlichkeit prägt.

1.4 Endlichkeit und Unendlichkeit

Ich bin im vorigen Abschnitt kurz auf die Faktoren Zeit und Existenz eingegangen. Als Nächstes möchte ich mich jedoch mit zwei Begriffen etwas näher befassen, die jenseits von Zeit und Raum liegen: Den Begriffen der „Endlichkeit" und der „Unendlichkeit".

Ist menschliches Leben endlich oder unendlich? Ist das Universum endlich oder unendlich? Wir haben uns sicher schon·alle einmal diese Fragen gestellt. Aber bevor ich sie zu beantworten versuche, möchte ich Ihnen eine kleine Geschichte erzählen:

„Es war einmal eine Riesenschildkröte, die lebte an einem Strand. Um ihr rechtes Vorderbein nach vorne zu bewegen, brauchte sie zehn Minuten, um ihr linkes Vorderbein nach vorne zu bewegen, brauchte sie ebenfalls zehn Minuten und genauso verhielt es sich mit der Bewegung der Hinterbeine. Ein Schritt mit allen vier Beinen dauerte bei ihr daher nicht weniger als vierzig Minuten.

Eines Tages stellte sich die Schildkröte die Frage, ob der Strand, an dem sie wohnte, wohl auch ein Ende hätte, und sie beschloss, auf Erkundungsreise zu gehen. Da kein Ende der Küstenlinie in Sicht war, so sehr sie sich auch reckte und streckte, nahm sie ihre ganze Kraft zusammen und setzte ihre Beine in Bewegung. Mit einer Geschwindigkeit von einem Schritt pro 40 Minuten machte sie sich zunächst daran, die Küstenlinie entlang des Wassers abzugehen. Dabei hinterließ sie Fußspuren im Sand, um später nicht irrtümlich dieselbe Strecke ein zweites Mal abzugehen. Sie war eine sehr weise Schildkröte.

So trottete sie dahin, Tag für Tag, aber der Strand schien kein Ende zu nehmen. Irgendwann, nach langer Zeit, verließen sie ihre Kräfte, und die Schildkröte starb, im festen Glauben, mindestens um die halbe Welt gewandert zu sein.

> Am Tag darauf fand ein Fischer, der auf der Insel lebte,
> zu der der Strand gehörte, die Schildkröte. Er freute sich
> über die Mahlzeit und nahm sie mit sich in sein Haus, das
> auf der anderen Seite der Insel lag. Man könnte vermuten,
> dass er lange brauchte, um auf die andere Seite der Insel zu
> kommen, aber der Fischer war ein junger, starker Mann, der
> die Strecke in zehn Minuten bewältigte. Es gab da nämlich
> etwas, das die Schildkröte nicht bedacht hatte: Der Pazifik
> hatte ihre Fußspuren verwischt, und sie war in Wahrheit
> mehrere Male rund um die Insel gewandert, die in Wirklich-
> keit ganz klein war."

Wenn ich mir Gedanken über den Begriff der Unendlichkeit mache, muss ich immer wieder an diese Geschichte von der
Schildkröte und dem Fischer denken. Worin liegt der essentielle
Unterschied zwischen den beiden? Es ist nicht so sehr die unterschiedliche Fortbewegungsgeschwindigkeit. Oder die unterschiedliche Körpergröße. Oder auch der unterschiedliche Grad
an Erfahrung zwischen den beiden. Das Wesentliche ist für mich
ihre unterschiedliche Wahrnehmungsfähigkeit. Das Ziel, das sich
die Schildkröte gesetzt hatte, ihr Eifer und ihre Bemühungen sind
durchaus bewundernswert. Warum musste sie aber dann ein so
trauriges Ende finden? Ich glaube, der Grund ist in den unterschiedlichen Fähigkeiten der beiden zu suchen, Dinge in einem
genügend großen Verständniskontext zu erfassen.

Stellen wir uns die Geschichte noch einmal vor, diesmal aber
nicht zwischen einer Schildkröte und einem Fischer, sondern

zwischen einem Materialisten unserer Zeit und jemandem, der das Wissen um die Wahrheit bereits gefunden hat.

Sicherlich gibt es jetzt eine Reihe von entrüsteten Aufschreien: *Ich bin aber nicht wie die Schild-Kröte!* In unserer Welt leben aber Menschen, die fest daran glauben, dass das Leben nur eine Zeitspanne von 60 oder 70 Jahren umfasst und dann alles aus ist. Andere wiederum glauben nur an das, was sie mit ihren fünf Sinnen wahrnehmen können und streiten alles Andere ab. Beide sind um nichts besser als unsere Schildkröte auf ihrer Erkundungsreise in die Welt: Sie verlassen sich ausschließlich auf ihre eigenen Fußspuren, um festzustellen, wo sie schon gewesen sind, aber in Wahrheit gehen sie nur im Kreis. Vielleicht noch schlimmer ist die Tatsache, dass sie wie die Schildkröte in dem festen Glauben leben, ihr Leben in vollen Zügen zu leben, während sie sich in Wirklichkeit nur auf einer kleinen, in sich geschlossenen Schleife bewegen.

Uns Menschen wurde aber das ewige Leben gegeben. Wir werden immer wieder in diese Welt geboren, damit wir Weisheit erlangen, eine Weisheit, die uns durch spirituelle Übungen zuteil wird. Sie ist es, die uns hilft zu verstehen, dass sich unser wirkliches Leben nicht auf diese dreidimensionale Welt beschränkt, in der wir uns jetzt befinden. In Wahrheit gehören wir nämlich einer Welt an, die ich als die *wirkliche Welt* bezeichne und die weit über die uns vertrauten drei Dimensionen hinausreicht, in Welten mit vier, fünf und noch mehr Dimensionen. Man sollte sich diese Dimensionen nicht im Kontext physikalischer Eigenschaften und Grenzen vorzustellen versuchen, sondern eher als in sich geschlossene Welten, die, wie ich sofort erklären werde, jede für sich eine bestimmte „Bewusstseinsebene" darstellen.

Wir können auf jeder dieser Ebenen existieren, vorausgesetzt, unsere spirituelle Erfahrung ist groß genug dafür. Aus diesem Grund ist das Verständnis dieser Ebenen auch fundamental für die Beantwortung von Fragen wie etwa der nach der Unendlichkeit des Weltalls. Sie hängt nämlich davon ab, auf welcher dieser Ebenen wir diese Antwort suchen.

Vergleichen wir zum besseren Verständnis das Universum mit dem menschlichen Körper und den Schichten an Kleidung, die wir tragen: Gehen wir davon aus, dass die dreidimensionale Welt, in der wir uns tagtäglich bewegen, dem nackten Körper entspricht, so können wir sagen, dass dann die vierte Dimension der Unterwäsche, die fünfte dem Hemd über der Unterwäsche, die sechste dem Pullover über dem Hemd, die siebente dem Anzug über dem Pullover und die achte dem Mantel über dem Anzug entspricht. Die neunte Dimension könnten wir uns als den Hut der Person vorstellen.

Diese Analogie ist natürlich eine sehr vereinfachte Darstellung, aber ich glaube, sie veranschaulicht die strukturelle Beziehung zwischen den einzelnen Dimensionen auf eine sehr eindrucksvolle und exakte Art und Weise. Die niedrigeren Dimensionen werden von den höheren umhüllt, mit denen sie aber dennoch in engem Kontakt stehen. Die höheren Dimensionen wiederum sind in ihrem Aufbau den niedrigeren ähnlich, verfolgen aber ein höheres Ziel als diese.

1.5 Das multidimensionale Universum

Da Erklärungen wie die vorhergegangene letztendlich doch niemals mehr als eine Analogie sein können, möchte ich im folgenden eine theoretische Erklärung, ohne jede Analogie, hinzufügen. Der Leser möge es mir verzeihen, wenn diese Erklärung ziemlich theoretisch und kompliziert erscheint; das ist leider meistens der Fall, wenn Aspekte des Spirituellen mit den uns zur Verfügung stehenden Mitteln der materiellen Welt erklärt werden sollen.

Zunächst müssen wir uns einmal darüber klar werden, was wir unter „Dimension" eigentlich verstehen. Man spricht oft davon, dass wir in einer Welt der drei Dimensionen leben, aber was bedeutet das?

Eine Dimension ist ein Faktor, der Aufschluss über den Aufbau einer Welt und die auf ihr mögliche Form der Existenz gibt; die Zahl der Dimensionen deutet die richtungsmäßigen Entwicklungsmöglichkeiten für diese Form der Existenz an. Zum Beispiel: Eine Welt mit nur einer Dimension (der ersten Dimension) würde aus einer Menge von Punkten bestehen, die sich alle auf derselben Geraden befinden. Gäbe es in einer Welt der ersten Dimension Bewohner, so wären diese wie Punkte, deren einziges Unterscheidungsmerkmal der Abstand zwischen ihnen ist.

Eine Welt mit zwei Dimensionen wäre eine Ebene, wo man als Unterscheidungsmerkmale Länge und Breite hat. Bewohner in dieser Welt würden aussehen wie Formen und Figuren auf einem glatten Blatt Papier – sie könnten zwar jede beliebige flache Form annehmen, hätten aber keine Tiefe. Folglich wären zwei „Bewohner" dieser Welt mit derselben mathematischen Definition nicht voneinander unterscheidbar.

Wir kommen nun zu der Welt, in der wir leben. Ihre drei Dimensionen sind Länge, Breite *und Höhe* (oder Tiefe). Durch das Hinzukommen einer einzigen Dimension wird nicht nur die wahrnehmbare Form konkretisiert, es ergibt sich auch ein unmessbares Potential an deren Variationsmöglichkeiten: Zwei Personen sind nicht identisch, so lange sie nicht gleich breit, gleich groß und genau gleich dick sind – eine Kombination, die, mathematisch gesehen, viel komplexer ist als jede Kombination der zweiten Dimension.

In der dritten Dimension müssen Dinge, damit sie nebeneinander im selben Raum existieren können, aber auch zur selben Zeit existieren, was in der vierten Dimension nicht mehr der Fall ist: Hier wird den Faktoren Länge, Breite und Höhe nämlich das Element der *Zeit* hinzugefügt. Damit zwei Objekte in Kontakt zueinander treten können (sich z. B. die Hand schütteln können), ist es in der dritten Dimension erforderlich, dass die beiden zur selben Zeit desselben Tages derselben Woche im selben Jahr existieren. In der vierten Dimension hingegen kann es auch vorkommen, dass sich zwei Personen, die nicht einmal dem selben

Zeitalter angehören, die Hand schütteln. Es wäre etwa durchaus im Bereich des Möglichen, dass eine Person aus dem 21. Jahrhundert einer Person aus dem 12. Jahrhundert die Hand schüttelt. Auf der anderen Seite ist es daher unmöglich festzustellen, ob ein vor den eigenen Augen befindliches Gebäude tatsächlich in der Gegenwart an besagtem Ort steht oder ob es sich nur um die Vision eines Gebäudes handelt, das es in der Vergangenheit hier gegeben hat. Aber selbst in letzterem Fall würde es echt aussehen und sich echt anfühlen: Es wäre einfach da.

Die Uhren der Personen in der vierten Dimension zeigen alle eine unterschiedliche Zeit an. Es ist z. B. möglich, einer Frau zu begegnen, die vor tausend Jahren geboren wurde und dennoch nicht älter als zwanzig erscheint. Doch nicht nur die Vergangenheit, auch Dinge, die in der dritten Dimension erst in der Zukunft passieren, können in der vierten Dimension so konkret und wirklich erscheinen, als würden sie gerade in diesem Augenblick passieren.

In der fünften Dimension kommt zu den Faktoren Länge, Breite, Höhe und Zeit das Element der *Spiritualität* hinzu. Bewohner dieser Dimension unterscheiden sich voneinander also nicht mehr nur durch ihre Form (das heißt ihre Länge, Breite und Höhe) und ihr Zeiterleben, sondern auch durch ihren unterschiedlichen Grad an Spiritualität. Um auf dieser Ebene existieren zu können, ist ein hohes Maß an spiritueller Erfahrung notwendig. So ist die Einsicht, dass Menschsein mehr ist als der bloße Körper, etwa unabdingbar. Der wesentliche Maßstab für die Spiritualität ist „Tugend und Güte", man könnte die fünfte Dimension also als jenen Ort beschreiben, wo sich die Guten versammeln.

In der sechsten Dimension kommt zu den Faktoren Länge, Breite, Höhe, Zeit und Spiritualität das Element des *Wissens um die Wahrheit* hinzu. Neben den gleichen Unterscheidungskriterien wie in den vorigen fünf Dimensionen gibt es nun zusätzlich noch das Ausmaß des Wissens um die Wahrheit als weiteres Kriterium. Wesen, die in der sechsten Dimension existieren, sind wie jene der fünften Dimension tugendhaft und gut, aber sie zeichnen sich darüber hinaus auch durch ausreichendes Wissen um das, was wir zu Beginn des Buches als die Wahrheit Buddhas bezeichnet haben, aus. Ihr tatsächlicher Wissensstand über die Wahrheit ist von Person zu Person verschieden – daher gibt es auch innerhalb der sechsten Dimension noch feinere Abstufungen – aber es gibt in dieser Dimension zumindest niemanden, der mit der Wahrheit überhaupt nicht vertraut ist.

1.6 Die höheren Dimensionen

In der siebenten Dimension kommt zu den Faktoren Länge, Breite, Höhe, Zeit, Spiritualität und das Wissen um die Wahrheit das Element des *Altruismus*, der Selbstlosigkeit im Denken und Handeln, dazu. In gewisser Weise könnte man sagen, dass die Bewohner der niedrigeren Dimensionen alle von Egoismus geprägte Leben führen, wobei ich dieses Wort ohne seinen negativen Beigeschmack verwende. Denn sogar in der moralisch so hochstehenden sechsten Dimension streben alle nach der Verwirklichung ihres eigenen Selbsts, auch wenn es sich um so noble Ziele wie das Wissen um Wahrheit handelt.

Nehmen wir wieder Zuflucht zu einer Analogie, so könnte man die Bewohner bis einschließlich zur sechsten Dimension mit Schülern und Studenten vergleichen, die ihren Schul- bzw. Studienabschluss noch vor sich haben. Die Bewohner der sechsten Dimension wären dann Studenten an der Universität, die der fünften Schüler der Sekundarstufe II, die der vierten Schüler der Sekundarstufe I und wir Bewohner der dreidimensionalen Welt nicht mehr als Grundschüler.

Erst die Bewohner der siebenten Dimension machen ihren „akademischen" Abschluss und können als vollwertige Mitglieder der spirituellen Gesellschaft bezeichnet werden. Ihr Hauptinteresse gilt dem Altruismus, ihre Herzen sind voll von Liebe und ihr Tun ist von ständigem Dienen beherrscht. Während sie einander innerhalb ihrer Dimension Liebe und Hilfe schenken, übernehmen sie auch die Führung von Bewohnern niedrigerer Dimensionen, besonders jener der vierten Dimension, die oft desorientiert sind, nachdem sie ihren physischen Körper verlassen haben. Manchmal nehmen sie es auch auf sich, in der dritten Dimension mit einem physischen Körper wiedergeboren zu werden, um sich in diesem Leben ganz der Liebe und dem Dienst an anderen Menschen zu widmen. Diese Bewohner der siebenten Dimension haben also bereits ein sehr hohes Bewusstseinsniveau erreicht.

In der achten Dimension kommt zu den Faktoren Länge, Breite, Höhe, Zeit, Spiritualität, Wissen um die Wahrheit und Altruismus das Element der *Barmherzigkeit* dazu. Barmherzigkeit ist das Bedürfnis zu geben. Barmherzigkeit ist, immerfort zu geben, selbstlos und ohne Unterschiede, wie das die Wesen dieser hohen Ebene tun. Bezeichnet man die Liebe der siebenten Dimension als eine „Liebe, die gibt", dann müsste man die Liebe der achten Dimension noch eine Stufe höher einordnen, als eine „Liebe, die immerfort gibt" oder als „unendliche Liebe".Die Liebe der siebenten Dimension ist noch das Produkt menschlicher Bemühungen, das heißt jene Liebe, die man zunächst in eigener mühevoller Arbeit ansammelt und dann an andere Personen weitergibt. Demgegenüber ist die Liebe der achten Dimension wie die Liebe der Sonne unerschöpflich. Das ist wahre Barmherzigkeit. Während die Liebe der siebenten Dimension noch ein Liebesobjekt benötigt und sich die Menge der ausgeschütteten Liebe nach dem jeweiligen Liebesobjekt richtet, ist die Liebe der achten Dimension selbstlos und wird allen in gleicher Weise zuteil. Es gibt bei dieser Form der Liebe keinen Platz mehr für diskriminierende Gedanken. Aufgrund ihrer Fähigkeit, unendliche Liebe auszuschütten, kann man von den Bewohnern der achten Dimension sagen, dass sie wahrhaft Führungseigenschaften besitzen.

In der neunten Dimension kommt zu den Faktoren Länge, Breite, Höhe, Zeit, Spiritualität, Wissen um die Wahrheit, Altruismus und Barmherzigkeit schließlich noch das Element des *Universums* dazu. Bis einschließlich zur achten Dimension handelt es sich durchwegs um Welten, die die Energie der Erde umhüllen und direkt von dieser beeinflusst werden. Die neunte Dimension hingegen ist nicht nur auf die Erde beschränkt, sondern ist mit den spirituellen Welten anderer Planeten, außerhalb unseres Sonnensystems, verbunden. Die Bewohner dieser Dimension sind also innerhalb des großen Universums gewissermaßen für die Leitung und Führung der Gruppe der terrestrischen Geistwesen verantwortlich. Unter ihnen sind Verkörperungen des Ewigen Buddhas, des Ewigen Gottes, zu finden, die als Religionsgründer auf die Erde gekommen sind. Sie sind der Quell des Gesetzes und unterscheiden sich voneinander nur in der Farbe des Lichtes, in der sie dieses Gesetz ausstrahlen. Natürlich gibt es nur ein einziges universelles Gesetz, das Gesetz der Wahrheit Buddhas, aber es kann je nach der Persönlichkeit des Bewohners dieser Dimension in einer von sieben verschiedenen Farben ausgestrahlt werden.

Über der neunten Dimension liegt die höchste Ebene, zu der terrestrische Geistwesen jemals aufsteigen können, die zehnte Dimension. Kein Bewohner dieser Dimension hat jemals menschliche Form auf der Erde angenommen, denn sie wird ausschließlich von drei Bewusstseinswesen bewohnt. Die Merkmale, welche die Bewohner dieser Dimension voneinander unterscheidet, sind (neben der Barmherzigkeit der achten und dem Universum der neunten Dimension) *Schöpfung und Evolution.* Sie weisen keine individuell verschiedenen persönlichen Eigenschaften mehr auf wie die menschlichen Wesen, sondern unterscheiden sich nur mehr in der Rolle, die sie in den Bereichen Schöpfung und Evolution spielen.

Die drei Bewusstseinswesen umfassen das „Große-Sonnen-Bewusstsein", das „Mond-Bewusstsein" und das „Erd-Bewusstsein". Das Große-Sonnen-Bewusstsein ist für die positive und aktive Kraft des Lebens auf der Erde, auch für die Menschen, verantwortlich, das Mond-Bewusstsein für die passiven, anmutigen und weiblichen Aspekte. Das Erdbewusstsein wiederum regiert die Lebenskraft, die von der Erde ausgeht, und ist für die Schöpfung aller Dinge auf unserem Planeten verantwortlich. Alles, was im Laufe der 4,6 Milliarden Jahre dauernden Geschichte der Erde passiert ist, ist das Werk dieser drei Wesen.

Das terrestrische System reicht zwar nur bis zur zehnten Dimension, unser Sonnensystem hat jedoch noch eine elfte Dimension. Die charakteristische Eigenschaft dieser Dimension ist die *Mission der Sonne*, die zugleich als Kraft jedes Lebens wie auch als Geistwesen in Erscheinung tritt.

Die zwölfte Dimension ist das Galaktische Bewusstsein, ein äußerst mächtiges Geistwesen, das für die Planung unserer Galaxie verantwortlich ist und hunderttausende stellare Bewusstseinswesen der elften Dimension unter sich hat (zum Unterschied von den planetarischen Bewusstseinswesen der zehnten Dimension).

Ich hoffe, dass meine Erklärungen in dieser kurzen Zusammenfassung über den dimensionalen Aufbau des Universums nicht allzu unverständlich waren. Zwölf Dimensionen mit all ihren

Eigenschaften und Geistwesen mögen ungewöhnlich komplex erscheinen; dennoch bleibt es mir nicht erspart zu ergänzen, dass sich der Ewige Buddha, das höchste Bewusstsein überhaupt, der Ewige Gott des ganzen Universums, auf einer Bewusstseinsebene in der zwanzigsten Dimension oder sogar darüber bewegt.

1.7 Die Entstehung des Lebens (1): Die Entstehung der Sterne

Zu erklären, was nach dem Tod geschieht, wird im Allgemeinen als Aufgabe der Religion angesehen, während die Frage nach dem Ursprung des Lebens den Naturwissenschaften vorbehalten ist.

Ich möchte jedoch in meinen Darstellungen über die Entstehung der Sterne und die Ursprünge des Lebens zeigen, dass in gewisser Weise die Ziele von Religion und Wissenschaft übereinstimmen.

Es heißt, dass der dreidimensionale Raum, zu dem auch die Erde zählt, vor etwa 40 Milliarden Jahren entstanden ist. Der Buddha des großen Universums, der Ewige Buddha, der sich auf der 20. Dimension oder einer noch höheren bewegt, existiert als Bewusstsein bereits seit mehreren 100 Milliarden Jahren, einer für uns unvorstellbar langen Zeit.

Dieser Ewige Buddha hat sich bis vor 100 Milliarden Jahren mit der Planung für die Schöpfung des dreidimensionalen Universums beschäftigt und vor rund 80 Milliarden Jahren durch seinen Willen ein großes Geistwesen geschaffen, welches das dreidimensionale Universum beherrschen und verwalten sollte.

Das war der Ursprung des Bewusstseins der 13. Ebene und die Geburt des ersten Geistwesens in dem für uns wahrnehmbaren Universum.

Dieses Große Geistwesen der 13. Dimension ist eine Projektion des Ewigen Buddha und war mit der Schöpfung des großen Universums betraut. Vor etwa 65 Milliarden Jahren schuf es in der 12. Dimension die Bewusstseinswesen der kosmischen Nebel, von denen nicht weniger als zwei Millionen existieren. Eines davon ist das Galaktische Bewusstsein, zu dem auch wir gehören.

Vor etwa 60 Milliarden Jahren schufen diese Bewusstseinswesen der kosmischen Nebel die stellaren Bewusstseinswesen der elften Dimension – das war der Ursprung des elfdimensionalen Raumes. In diese Dimension wurde auch das Bewusstsein unseres Sonnensystems geboren, und zwar vom Galaktischen Bewusstsein der 12. Dimension.

Als nächstes begannen vor etwa 53 Milliarden Jahren die stellaren Bewusstseinswesen der elften Dimension in jeder Galaxie mit der Erschaffung der planetarischen Bewusstseinswesen, mit der die Geburt der 10. Dimension eingeleitet wurde. Durch die Bemühungen der stellaren Bewusstseinswesen unseres Sonnensystems entstanden auf diese Weise die planetarischen Bewusstseinswesen von Merkur, Venus, Erde, Mars, Jupiter und Saturn. Beendet wurde die Schöpfung dieser planetarischen Bewusstseinswesen vor 42 Milliarden Jahren.

Vor etwa 40 Milliarden Jahren geschah mit dem Großen Geistwesen der 13. Dimension etwas äußerst Ungewöhnliches: In seinem Inneren kam es zu Phänomenen wie Kernfusionen und Kernspaltungen, man könnte es auch als Feuerwerke kosmischen Ausmaßes beschreiben – heute sagen wir dazu „Big Bang" oder „Urknall". Auf diese Weise entstand in seinem Körper ganz plötzlich ein dreidimensionaler Raum, vergleichbar einem inneren Organ, nicht unähnlich einem riesigen Magen. Sein Aufbau war allerdings in keiner Weise vergleichbar mit der systematischen Struktur des dreidimensionalen Raumes, wie wir ihn heute kennen. Um Ordnung in dieses kosmische Chaos zu bringen, arbeiteten die Bewusstseinswesen der kosmischen Nebel aus der 12. Dimension, die stellaren Bewusstseinswesen aus der 11. Dimension und die planetarischen Bewusstseinswesen aus der 10. Dimension zusammen und schufen innerhalb des dreidimensionalen Raums konkrete Formen wie Planeten, Sterne und Nebel.

In den 40 Milliarden Jahren seit Entstehung des dreidimensionalen Raumes dauerte die Zeitspanne, innerhalb der diese konkreten Formen gebildet wurden, je nach Nebel oder Sonnensystem unterschiedlich lang. Unser Sonnensystem ist vor etwa 10 Milliarden Jahren entstanden. Vor 7 Milliarden Jahren entstand der Planet Merkur, vor 6 Milliarden der Planet Venus und vor 4,6 Milliarden unsere Erde. Man darf dabei aber nicht vergessen, dass es sich hier um die historisch belegbaren Zahlenangaben handelt und dass die Sterne und Planeten als unabhängige Bewusstseinswesen schon viel länger existieren. Vielleicht haben manche Leser etwas dagegen einzuwenden, dass ich wissenschaftliche Begriffe der historischen Kosmologie in meiner Art neu interpretiere. Die hier von mir vertretene Ansicht verdient aber sicherlich Beachtung, ist sie doch die einzige, die versucht, allgemein anerkannte wissenschaftliche Tatsachen mit dem Bild des kosmischen Bewusstseins zu vereinen.

1.8 Die Entstehung des Lebens (2): Die Entstehung menschlicher Geistwesen und anderer Lebensformen

Wann genau menschliche Geistwesen entstanden sind, ist nicht bekannt. Wir haben aber im vorigen Kapitel gesehen, dass sich der dreidimensionale Raum in seiner Urform vor 40 Milliarden Jahren entwickelt hat und bald darauf Nebel, Galaxien und Sonnensysteme. Zuerst entstanden also die Sterne, und diese dienten dann als Grundlage für die Schöpfung aller anderer Lebensformen.

Um unnötige Komplikationen zu vermeiden, möchte ich mich auf die Ursprünge des Lebens in unserem Sonnensystem beschränken. Unsere Sonne entstand als Stern im dreidimensionalen Raum vor ungefähr 10 Milliarden Jahren. Der erste Planet, der vor 7 Milliarden Jahren entstand, war Merkur, allerdings war ein Leben auf ihm nicht möglich.

Das erste Leben in unserem Sonnensystem entwickelte sich erst nach der Entstehung des mysteriös-schönen Planeten Venus vor 6 Milliarden Jahren. Es sollte allerdings noch weitere 500 Millionen Jahre dauern, bis sich die 9. Dimension in unserem Sonnensystem etablierte. Das war demnach vor 5,5 Milliarden

Jahren. Das planetarische Bewusstseinswesen der Venus schuf ein großes Geistwesen mit einem hochentwickelten Charakter, das aktiver war als die planetarischen Bewusstseinswesen der 10. Dimension selbst und somit ideal für die Führung und Leitung der zukünftigen Lebensformen auf diesem Planeten. Dieses große Geistwesen der 9. Dimension, das den Charakter der Venus verkörperte, war *El Miore*. Die erste dreidimensionale Lebensform, die El Miore als Experiment auf dem Planeten Venus schuf, zeichnete sich durch ihre Langlebigkeit aus und konnte sich zu einem hohen Grad selbst versorgen. El Miore schuf danach weitere Lebensformen, wobei er Pflanzen und Tiere voneinander trennte und der Entwicklung von beiden über 2 Milliarden Jahre hindurch ihren freien Lauf ließ. Sowohl die Pflanzen als auch die Tiere waren anders als jene, die wir von der Erde kennen. Da sie auf der Venus entstanden, nahmen sie deren Schönheit und Eleganz an: Die Pflanzen brachten Blüten wie Edelsteine hervor und strahlten ätherische Düfte aus; auch die Tiere standen ihnen um nichts an Schönheit und Eleganz nach, und manche von ihnen konnten sogar sprechen.

Dann schuf El Miore die Venusbewohner, die unseren Menschen sehr ähnelten. Die nächste Milliarde von Jahren verbrachte er damit, diese Rasse über Generationen hindurch zu verbessern und neu zu gestalten. In dieser Zeitspanne gab es hunderte und tausende von Zivilisationen, bis die Rasse der Venusbewohner schließlich so hochentwickelt war, dass es ihr sogar möglich war, in Raumschiffen zu den Planeten anderer Sternensysteme zu reisen.

In ihrer Endform waren die Venusbewohner von ihrem Aussehen her unseren Menschen zwar sehr ähnlich, sie hatten aber alle einen Intelligenzquotienten von über 300, und Männer wie Frauen umgab ein himmlisches Licht, durch das sie wie Perlen strahlten. Die Frauen waren besonders schön. Neben ihnen würden die schönsten Frauen der Erde wie Primaten aussehen. So entstand auf der Venus ein Paradies, voll von Träumen, Liebe, Schönheit und Intelligenz. Seine Bewohner schlossen sich zu einer utopischen Gemeinschaft zusammen, deren Ideale „Liebe", „Wissen", „Reflexion" und „Entwicklung" waren.

Doch all das war nicht von langer Dauer. Gerade als sich die Bewohner des Planeten so weit entwickelt hatten, dass sie an den Bewusstseinszustand eines Bosatsu[11] herankamen, wurde El Miore vom Ewigen Buddha folgendes mitgeteilt:

> *„Das Experiment auf der Venus war ein unvorhersehbarer Erfolg, und wir haben bereits den Zustand perfekter Harmonie erreicht. Es ist aber äußerst fraglich, ob jemals eine weitere geistige Entwicklung stattfinden wird. Es wird nämlich bald zu einem großen Vulkanausbruch auf der Venus kommen, wobei sich ein Überleben für so hochentwickelte Lebensformen sehr schwierig gestalten wird."*

---

[1]   Bosatsu = Bodhisattwa; Erklärung siehe Kapitel 4.

Einige der Bewohner der Venus sollten daher auf andere Planeten, mit denen freundschaftliche Beziehungen gepflegt wurden, auswandern und beim dortigen Entwicklungsprozess mithelfen. Alle anderen sollten einige hundert Millionen Jahre im geistigen Bereich, der zur Venus gehört, verweilen und an der Gestaltung der Gruppe der terrestrischen Geistwesen auf dem benachbarten Planeten Erde Anteil nehmen. Auf der Erde sollte wieder bei Null begonnen und mit der Zeit ein neues Utopia geschaffen werden. Auch von anderen Sternensystemen sollten neue Wesen geholt und ausgebildet werden, so dass sie an der Weiterentwicklung des galaktischen Systems mitwirken konnten.

Auf diese Art und Weise wurde also der Fortschritt auf der Erde zur wichtigsten Aufgabe von El Miore.

Die Erde war vor 4,6 Milliarden Jahren entstanden, zu einer Zeit, als auf der Venus das Experiment mit den Lebensformen und der Entwicklung der Zivilisation bereits in Gang war. Die drei großen Bewusstseinswesen der 10. Dimension, das „Große-Sonnen-Bewusstsein", das „Mond-Bewusstsein" und das „Erd-Bewusstsein", hatten sich bereits Gedanken darüber gemacht, welcher Art das Leben auf der Erde sein sollte, und nahmen sich dabei die Experimente auf der Venus zum Vorbild. Da die Bedingungen für ein Leben auf der Erde besser als auf der Venus waren, konzentrierten sie sich bei der Schöpfung der Gruppe der terrestrischen Geistwesen auf eine dynamischere Evolution als auf der Venus. Unter der Anleitung von El Miore beschlossen sie zwei Prinzipien, die jedem Leben auf der Erde zugrunde liegen sollten. Das erste bestand darin, dass die zu schaffenden Lebensformen unterschiedliche Entwicklungsstufen, höhere und niedrigere, besitzen sollten, das zweite darin, dass sie dem Prinzip der Reinkarnation unterworfen sein wollten, sodass ihr Leben auf der Erde jeweils von kurzer Dauer wäre, sie aber zwischen den einzelnen Erdenleben im multidimensionalen Universum herumreisen könnten.

In Einklang mit dem ersten Prinzip wurden so vor etwa 3 Milliarden Jahren einfache Organismen wie Amöben und Plankton als Vorläufer der Tiere und vor etwa 2,6 Milliarden Jahren Schimmel und andere Pilze und Bakterien als Vorläufer der Pflanzen geschaffen. Danach entwickelten sich langsam auch höherstehendere Lebensformen auf der Erde.

In Befolgung des zweiten Prinzips begann man mit der Bildung einer Welt von Geistwesen auf einer niedrigen Bewusstseinsebene. Daraus entwickelte sich das heutige Reich der Toten der vierten Dimension, aber zu jener Zeit hatte es noch keine klaren Formen, sondern lag wie ein Schleier über der Erde. Die Mikroorganismen der damaligen Zeit bewegten sich im Rahmen eines sehr einfachen Reinkarnationszyklus zwischen dieser Welt der vierten Dimension und dem Leben auf der Erde hin und her.

Vor etwa 600 Millionen Jahren erkannten die drei großen Bewusstseinswesen, dass es nun an der Zeit war, höherstehendere Lebensformen auf der Erde zu schaffen. Also schufen sie auf der Erde die geistige Welt der neunten Dimension und luden El Miore vom höherentwickelten Planeten Venus ein, als erstes großes Geistwesen der Erde mit menschlichen Eigenschaften hier zu leben. El Miore holte die frühen geistigen Lebensformen, die er auf der Venus erschaffen hatte, auf die Erde und begann dann mit der Schöpfung komplexerer Lebensformen, aufbauend auf dem Prinzip der Säugetiere.

Auf welche Weise hat er aber diese komplexeren Lebensformen geschaffen? Zunächst schuf er ein Tier wie z.B. eine Maus, einen Hasen, einen Hund oder eine Katze als Gedankenform in der Welt der vierten Dimension und ließ diese sich dann langsam auf der Erde zu materieller Gestalt verdichten. So verbreiteten sich die komplexeren Lebensformen bald auf der Erde, und auch das System der Reinkarnation bekam seinen festen Platz. Als El Miore dies sah, wandte er sich an die drei großen Bewusstseinswesen der 10. Dimension und fragte sie, ob denn jetzt nicht die Zeit reif wäre für die Schaffung der Menschheit. Die drei pflichteten ihm bei, und so entstanden vor etwa 400 Millionen Jahren die Menschen.

Zu dieser Zeit änderte El Miore – der frühere Herrscher auf der Venus und der erste der neunten Dimension unter den Geistwesen der Erde seinen Namen in *El Cantare*, was so viel bedeutet wie „Erde, wunderbares Land des Lichts". Dieser El Cantare nahm vor etwa 2500 Jahren in Indien menschliche Gestalt an, wo er als Gautama Siddharta, Gründer des Buddhismus, bekannt wurde.

1.9 Die Anfänge der Gruppe der terrestrischen Geistwesen

El Cantare beschloss, auch die menschliche Rasse den zwei Prinzipien, die jedem Leben auf der Erde zugrunde liegen sollten, zu unterwerfen. Demnach würden sie einerseits auf unterschiedlichen Stufen des Bewusstseins stehen und Raum für ewige Weiterentwicklung zur Verfügung gestellt bekommen, andererseits würde ihre Lebensspanne auf der Erde nur kurz sein, ihre Seelen aber dem endlosen Zyklus der Reinkarnation zwischen der Erde und der Welt der Geistwesen unterworfen werden.

El Cantare begann mit der Schöpfung der Menschen, indem er die höherentwickelte geistige Lebenskraft der Venusbewohner zu Hilfe nahm. Er formte in der neunten Dimension aus Barmherzigkeit und Weisheit eine Lichtkugel unvorstellbarer Größe und schickte die am höchsten entwickelten Geistwesen der Venus hinein, wobei er ihnen die Kraft der Vervielfältigung verlieh. Bald spaltete sich die Lichtkugel in eine Vielzahl kleinerer Kugeln auf, die zu den Führungsgeistern des Lichts für die terrestrischen Geistwesen der achten Dimension und darunter wurden. Es gab hunderte davon.

Um sie mit individuellen Eigenschaften auszustatten, nahm El Cantare die ganze Kraft der neunten Dimension zusammen und ließ diese Geistwesen auf der Erde Gestalt annehmen. Zuerst sahen sie aus wie durchsichtige, flackernde Schatten, ähnlich einer Fata Morgana, allmählich nahmen sie aber eine menschlichere Form an, bis ihre Körper schließlich in weißem Licht zu erstrahlen schienen. El Cantare war begeistert von der Schönheit und Perfektion seiner Schöpfung. Zuerst fünf, dann zehn, dann hundert und fünfhundert von ihnen entstanden auf diese Weise. El Cantare teilte sie in zwei Gruppen: jenen zu seiner Rechten verlieh er das Licht der Weisheit und des Mutes der Venusbewohner, jenen zu seiner Linken das ihrer Anmut und Eleganz – und damit waren die zwei Geschlechter der menschlichen Rasse geschaffen.

Sie alle waren hochentwickelte Geistwesen und sollten später als griechische Götter und buddhistische Lehrmeister bekannt werden. Die Zahl ihrer Nachkommen wuchs ständig, und viele hochentwickelte Venusbewohner machten die Erfahrung eines Lebens auf der Erde in menschlicher Form, so dass die dortige Bevölkerung bald auf 770 Millionen anwuchs.

El Cantare wollte die Nachkommen dieser hochentwickelten Geistwesen, die er geschaffen hatte, lehren, andere Wesen zu leiten und zu führen, und für diesen Zweck benötigte er spirituell weniger hochstehende Wesen, deren Entwicklungsstufe knapp über der der Primaten lag. Er beschloss, menschenähnliche Wesen von anderen Planeten auf die Erde zu holen. Bei diesem Vorhaben wandte er sich an drei große Wesen der neunten Dimension, um deren Meinungen einzuholen. Diese Wesen waren Amor (Jesus Christus) vom Sternbild des Schützen, Therabim (Konfuzius) vom Sternbild des Schwans und Morya vom Sternbild des Krebses.

Zu jener Zeit wurde die Erde von riesigen Lebensformen wie z.B. den Dinosauriern bevölkert, und Einwanderer, die die Lebensbedingungen auf der Erde nicht gewohnt waren, schwebten durch sie in ständiger Lebensgefahr. Aus diesem Grund entschied man sich bei der Wahl der spirituell weniger hochstehenden Wesen für ein kriegerisches Volk von den Magellanschen Wolken, das sehr kühn und selbstbewusst war. Auf technologischem Gebiet waren sie aber sehr fortschrittlich – zumindest so fortschrittlich, dass sie die Reise zur Erde in ihren eigenen Raumschiffen durchführen konnten. Vom Aussehen her hatten sie große Augen, greifvogelartige Finger, spitze Ohren und einen Schwanz. Sie waren sozusagen Reptiloide. Diese Eigenschaften verschwanden zwar im Laufe der Evolution, bei manchen traten sie allerdings in der Welt der Geistwesen wieder in Erscheinung, da sie in ihrer Erinnerung noch nicht vollkommen gelöscht waren.

Die von El Cantare ursprünglich geschaffenen hochentwickelten terrestrischen Geistwesen – die man als eine Art erste königliche Familie auf der Erde ansehen könnte – bemühten sich sehr darum, den Neuankömmlingen die Umstellung auf die neuen Bedingungen und die Akklimatisierung auf der Erde so einfach und angenehm wie nur möglich zu machen.

Aber unter den Führern der Neuankömmlinge gab es eine Gruppe, die sich trotz des ihnen verliehenen hohen Grades an Lichtenergie wie arrogante Halbgötter benahmen und die Harmonie und das Gleichgewicht auf der Erde zu zerstören versuchten. Als Strafe verbannte sie El Cantare in die Nebenhimmel, die er auf der Rückseite der Haupthimmel schuf so kam es zur Entstehung der Nebenhimmel in der sechsten, siebenten und achten Dimension.

Der Führer der Bewohner des Nebenhimmels der neunten Dimension war Enlil. Direkt unter ihm stand Lucifer, der vor 120 Millionen Jahren unter dem Namen Satan menschliche Gestalt annahm. Er verfiel auf der Erde dem Wunsch nach Status, Berühmtheit, materiellem Besitz und fleischlichen Gelüsten, so dass ihm ein Wiedereintritt in die höheren Dimensionen verwehrt wurde. Erzürnt darüber schuf er auf einer niedrigeren Bewusstseinsebene das Reich der Hölle und zettelte eine Rebellion an. Seit damals ist er als Luzifer, Herrscher über die Hölle, bekannt.

El Cantare bemerkte mit der Zeit, dass sich die Einwanderer von den Magellanschen Wolken sehr egozentrisch verhielten und immer Streit suchten. Aus diesem Grund beschloss er, eine neue Rasse von Menschen auf die Erde zu holen. So geschah es, dass vor 270 Millionen Jahren eine Milliarde Menschen in einer riesigen Flotte von Raumschiffen vom Sternbild des Orion auf der Erde landeten. Das war die zweite Einwanderungswelle aus dem All. Zu dieser Zeit hatte El Cantares Gruppe von Venusbewohnern, die bereits die Erfahrung des Lebens auf der Erde gemacht hatten, eine Zahl von über 10 Milliarden erreicht, so dass selbst so viele Einwanderer für sie kein Problem darstellten.

Zu dieser Zeit kamen auch drei große Geistwesen der neunten Dimension, nämlich Achemene, Orgon und Kaitron, auf die Erde. Achemene ist unter dem Namen „Manu" in der indischen Mythologie als der „Stammvater der Menschheit" bekannt. Orgon, auch bekannt als der Nyorai Maitreya war in den Zeitaltern von Lamudia und Atlantis sehr aktiv gewesen. Kaitron, der Theosophen besser als Kuthumi bekannt ist, wird im allgemeinen mit Wissenschaft und Technik in Verbindung gebracht. Auf der Erde nahm er zwei Mal menschliche Form an: einmal im alten Griechenland, wo er als Archimedes bekannt wurde, und später in Großbritannien, wo er sich Isaac Newton nannte.

Angesichts einer so großen Zuwanderung an Seelen wurde die fünfte Dimension – das Reich der Guten – vorbereitet und erweitert, um die vielen Wesen unterzubringen.

Vor etwa 150 Millionen Jahren stieg El Cantare persönlich auf die Erde herab und gründete eine großartige Zivilisation des Lichts. Er lehrte die Menschen auf der Erde die Wahrheit Buddhas, was sich auch positiv auf die Erziehung und Ausbildung der Menschen von den anderen Planeten auswirkte. Die Zahl der Anhänger El Cantares wuchs ständig, und unter den Bewohnern der Erde entwickelte sich ein starkes Gefühl der Zusammengehörigkeit.

Die von El Cantare geschaffenen terrestrischen Geistwesen vermehrten sich stark durch wiederholte Lichtbrechung in den höheren Dimensionen. Vor 130 Millionen Jahren war ihre Zahl schon auf über 40 Milliarden angewachsen, und um dieses Anwachsen gebührend zu feiern, beschloss man, weitere 2 Milliarden Menschen, diesmal vom Sternbild des Pegasus, auf die Erde zu holen. Im Rahmen dieser dritten Einwanderungswelle kamen auch das 9. und 10. Geistwesen der neunten Dimension, Theoria und Samatria, auf die Erde. Theoria, der vor 3000 Jahren menschliche Gestalt annahm, wurde in der griechischen Mythologie als Zeus verehrt, Samatria wurde zwei Mal auf dem Gebiet des heutigen Iran wiedergeboren: einmal als Zarathustra und einmal als Mani. Er wurde damit zum Gründer des Zoroastrismus sowie des Manichäismus. Auf diese Weise versammelten sich in der neunten Dimension zehn große Geistwesen, die hier ein System für die Führung der terrestrischen Geistwesen erarbeiteten.

Ungefähr zu dieser Zeit wurde auch beschlossen, den neuen Zuwanderern die Welt der vierten Dimension zur Verfügung zu stellen.

1.10 Die Verbreitung der terrestrischen Geistwesen und das Auftreten von gefallenen Seelen

Wie wir bereits erfahren haben, betrugen die Nachkommen der von El Cantare geschaffenen terrestrischen Geistwesen vor 130 Millionen Jahren bereits mehr als 40 Milliarden, und die Zahl der Zuwanderer aus dem All belief sich auf etwa 3 Milliarden. Trotz dieser Zahlen schlug Enlil, eines der großen Geistwesen der neunten Dimension, eine weitere Zuwanderung von anderen Sternensystemen vor. Gleichzeitig meinte er, die spirituellen Übungen wären effizienter, wenn man jene Geistwesen unter den Zuwanderern, die vergleichsweise fortgeschritten waren, in jeweils fünf Teilseelen aufspalten und diese dann abwechselnd für ein Leben auf die Erde schicken könnte.

Mit Hilfe der Lichtenergie der höheren Dimensionen fand man auch tatsächlich einen Weg, dies zu bewerkstelligen. Das Problem war, dass viele der auf diese Art entstandenen Teilseelen spirituell auf einer sehr niedrigen Stufe standen und im Laufe ihres Lebens auf der Erde vergaßen, dass sie eigentlich Geistwesen waren. Sie verfielen dem Materialismus und den irdischen Leidenschaften und übten ihren schlechten Einfluss nach und nach auch auf die moralisch guten Geistwesen aus. Nach ihrem Tod begannen sie in den niedrigeren Dimensionen ihr eigenes Reich aufzubauen – ganze Gruppen von Geistwesen mit bösen Gedanken versammelten sich in der Unterwelt der vierten Dimension. Hier sind die Ursprünge der Hölle zu finden.

Nach der Zerstörung der Harmonie auf der Erde, die mit der ersten Einwanderungswelle einhergegangen war, war dies das zweite Fiasko, für das Enlil die Verantwortung übernehmen musste, und er wurde dafür von El Cantare streng zurechtgewiesen.

Doch viel schlimmere Auswirkungen hatte Luzifers Rebellion vor 120 Millionen Jahren, die sich gegen die hohen Geistwesen des Himmels richtete und die das auslösende Moment für die Gründung des großen Reichs der Hölle war: Die dunkle Energie der Wesen in der Hölle führte zur Bildung von schwarzen Wolken, welche verhinderten, dass das Licht Buddhas zu ihnen eindringen konnte, so dass die Hölle zu einer kalten, dunklen Welt wurde. Das hatte weitreichende Auswirkungen, denn eine dunkle Welt in einem Teil der vierten Dimension bedeutete, dass in weiterer Folge auch einigen Teilen der dritten Dimension das Licht Buddhas verwehrt blieb. Denn wenn dunkle Wolken am Himmel hängen, dann fällt irgendwo ein Schatten auf die Erde, auch wenn sich die Sonne noch so sehr zu scheinen bemüht. Genauso hat die Hölle innerhalb der letzten 120 Millionen Jahre ihre Schatten auf die Erde geworfen, und Übel und Chaos auf der Erde waren die Folge.

Aus diesen Gründen kämpfen die Meister der höheren Dimensionen seit 100 Millionen Jahren darum, die Welt der dritten Dimension von Dämonen und bösen Geistwesen zu befreien, welche – angeführt von Luzifer – immer wieder versuchen, in die dritte Dimension vorzudringen, um den Qualen der Hölle zu entgehen. El Cantare selbst hat wiederholt Teile seines Bewusstseins auf die Erde geschickt, mit der Aufgabe, ein wirksames und mächtiges System zur Ausbildung der Führungsgeister des Lichts zu gründen.

Ich habe dieses Buch geschrieben, damit die Sonne der Wahrheit ihre Strahlen wieder auf dieses Reich der dritten Dimension werfen kann. In den folgenden Kapiteln werde ich erklären, wie wichtig dieses Gesetz der Wahrheit Buddhas ist und warum für dessen Verständnis eine Beschreibung der Ursprünge des Lebens und der terrestrischen Wesen notwendig war. Denn mit Hilfe dieses Gesetzes kann die ursprüngliche Welt des Lichts, das Land Buddhas, wieder hergestellt werden, und mit Hilfe dieses Gesetzes werden wir Erlösung finden.

· II ·

DIE WAHRHEIT BUDDHAS SPRICHT ZU UNS ...

2.1 *Die Wahrheit über unsere Seele*

In Kapitel I habe ich mich mit der Schöpfung des Universums und der Geschichte der Gruppe der terrestrischen Geistwesen auseinandergesetzt. Es war demnach generell so, dass Geistwesen der höheren Dimensionen jene der niedrigeren Dimensionen schufen, wobei die großen Geistwesen der höheren Dimensionen selbst durch den Willen des in der höchsten Dimension weilenden Ewigen Buddhas entstanden waren. Nach dem Auftreten der stellaren und planetarischen Bewusstseinswesen führte ein eigenartiges Phänomen im Inneren des Großen Kosmischen Geistwesens zur Bildung des dreidimensionalen Raums. Bald darauf entstanden die Sterne und Sterngruppen, und auf jedem Stern und in jedem Sonnensystem wurden in der 9. Dimension und darunter Lebensräume für die menschlichen Geistwesen geschaffen.

In unserem Sonnensystem begann die Welt dieser Geistwesen rund um die Erde mit der Schöpfung des kosmischen Reichs in der 9. Dimension, gefolgt vom Reich der Nyorai, der großen Meister, in der 8. Dimension, welches auch manchmal als Diamantenreich[2] (Kongokai) bezeichnet wird. Diesem folgte das Reich der Bosatsu (Engelsreich) in der siebenten, das Reich des Lichts in der sechsten, das Reich der Guten in der fünften und das Reich nach dem Tod (welches sich in das Astralreich und die Hölle teilt) in der vierten Dimension.

Natürlich gibt es auch anderswo im Universum vergleichbare Strukturen. Sie sind durch die neunte Dimension mit denen der Erde verbunden. Die Dimensionen von der 8. an abwärts gehören den spirituellen Welten der einzelnen Planeten an und haben sich daher unabhängig voneinander entwickelt.

Wenn wir vom Begriff der „Seele" sprechen und damit jene geistige Lebenskraft meinen, die jedem Menschen innewohnt, dann ist dies im Grunde genommen nichts anderes als eine Manifestation des in der höchsten Dimension lebenden allerhöchsten Bewusstseinswesens, des Ewigen Buddha, auf niedrigeren Bewusstseinsebenen. Das heißt also, dass es sich bei dem Ewigen Buddha nicht um ein unabhängig von uns existierendes Wesen handelt, sondern um ein Bewusstsein auf höchster Ebene, dem wir unsere Existenz verdanken. Mit anderen Worten, wir sind Teil dieses Buddha-Bewusstseins, wir sind ein Ausdruck von Buddhas Selbst.

---

[2] Diamantenreich deshalb, weil die Widerstandskraft der Nyorai gegen weltliche Gelüste so fest und hart wie ein Diamant ist. Anm. d. Übers.

Der Ewige Buddha schuf das Universum und alles Leben darin als Ausdruck seiner selbst: Die Schöpfung ist Manifestation und Widerspiegelung seines Bewusstseins. Würde der Ewige Buddha eines Tages auf die Idee kommen, das Universum nicht weiter bestehen zu lassen, so würde dieser uns schier unendlich erscheinende dreidimensionale Raum von einem Moment auf den anderen einfach verschwinden. So vergänglich ist unsere Existenz, dass, sollte Buddha keinen Wunsch mehr nach einem Ausdruck seiner selbst haben, alles menschliche Leben mit einem Schlag vernichtet wäre.

In diesem Kontext mag unser Leben überaus unbedeutend wirken. Aber wenn wir uns vergegenwärtigen, dass unsere individuellen Lebenskräfte doch Teil des Ewigen Buddha sind, bedeutet das dann auf der anderen Seite nicht doch auch, dass unsere Existenz äußerst hochentwickelt und wertvoll ist?

Wir sind Teil des Ewigen Buddhas, Teil des Ausdrucks seiner selbst, und wir sollten stolz darauf sein und selbstbewusst handeln. Denn hierin liegt das wirkliche Wesen unserer Seele. Religionen und hohe Philosophien vergangener Zeiten sind mit einem einzigen Ziel entwickelt und an die Nachwelt weitergegeben worden: Dem Ziel, diese Wahrheit den Menschen auf der Erde verständlich zu machen. Dasselbe Ziel wird auch heute noch verfolgt, wenn auch in anderer Form, nämlich von den Naturwissenschaften und der Weltraumtechnik, die in letzter Zeit einen großen Aufschwung genommen haben.

Ausgehend von dem wunderbaren Wissen um die Tatsache, dass wir Teil des Bewusstseins des großen Ewigen Buddhas sind, möchte ich mich im folgenden mit dem Idealzustand der Seele und dem Idealzustand unserer Existenz als Menschen beschäftigen – und ich bin überzeugt, dadurch einen weiteren Teil der Wahrheit Buddhas enthüllen zu können.

2.2 Die Natur der Seele

Welcher Natur ist nun aber unsere Seele, diese geistige Lebenskraft des Menschen, die ein Teil von Buddha selbst ist? Wenn wir uns eingehend mit ihr befassen, wird es uns dann nicht auch möglich sein, einen Blick des wahren Buddhabewusstseins zu erhaschen?

Die Seele hat eine Reihe von Eigenschaften, von denen als erste ihre Schöpferkraft zu nennen ist. Sie kann sich nach ihrem eigenen Willen verwandeln – anders ausgedrückt, jedes Individuum kann seine Gedanken selbst bestimmen. Es ist jedem möglich, Liebe oder Freiheit bis zum höchsten Grad zu praktizieren oder die Menge des jedem menschlichen Wesen innewohnenden Lichts selbst zu steuern. Man kann diese Menge erhöhen und sich dadurch in eine der höchsten Dimensionen versetzen, man kann sie aber auch verringern und sich so auf eine niedrigere Bewusstseinsebene zurückfallen lassen.

Aber liegt es demnach auch in der Natur der Seele, Böses zu tun oder zu denken und sich selbst moralisch fallen zu lassen? Fällt unter den Begriff „Schöpferkraft der Seele" auch das Absacken in die Hölle? Die Antwort auf diese Frage lautet sowohl „ja" wie auch „nein".

„Ja" deshalb, weil unserer Seele die Freiheit zur Schöpfung gegeben wurde. Wird sie aber in irgendeiner Weise bei dieser Schöpfung eingeschränkt oder behindert, so kann man nicht mehr von Freiheit sprechen. Die Antwort lautet zugleich aber auch „nein", da Böses zu tun oder die Hölle aufzubauen nicht zum ursprünglichen Ziel der Seele zählt. Das Böse ist kein inhärenter Teil der Seele; es entsteht dann, wenn zwei Seelen, die beide nach ihrer eigenen Freiheit streben, miteinander in Konflikt geraten. Ein Mensch allein bringt nichts Böses hervor. Es kann erst in Gegenwart eines anderen Menschen, einer anderen Lebensform oder eines anderen Objekts in Erscheinung treten.

Im Laufe der Geschichte haben sich die Menschen immer wieder mit dem Problem des Dualismus von Gut und Böse und mit Grundfragen wie „Wenn Buddha die Welt erschaffen hat, wieso existiert dann das Böse?" „Ist das Böse eine versteckte Eigenschaft von Buddha selbst?" beschäftigt. Dass letzteres nicht der Fall sein kann, liegt auf der Hand, denn das Böse ist ja per Definition *die Behinderung der Erfüllung von Buddhas Plan*. Das Böse ist nicht mehr als eine temporäre Verzerrung der Welt des Herzens oder der Welt der äußeren Phänomene, hervorgerufen durch einen Konflikt zwischen zwei Personen, der auf der ihnen von Buddha verliehenen Freiheit beruht. So hat das Böse in diesem Sinn keine eigene Existenz, sondern tritt nur auf in Zusammenhang mit Handlungen zwischen mehreren Personen.

Die zweite Eigenschaft der Seele, die ich hier nennen möchte, ist ihre Fähigkeit, das Licht Buddhas zu sammeln und auszustrahlen. Hier ist wohl zunächst eine Erklärung angebracht, was ich unter dem „Licht Buddhas" überhaupt verstehe.

Das „Licht Buddhas" ist die Energie Buddhas, die das ganze Weltall durchdringt und auf die vierten und höheren Dimensionen scheint, so wie die Sonne auf unsere Welt. So wie die Lebewesen auf der Erde nicht ohne die Energie der Sonne leben können, so können auch die Geistwesen der wirklichen Welt, d.h. der vierten und höheren Dimensionen, nicht ohne die Energie Buddhas existieren.

Die Seele hat nun die Eigenschaft, dieses Licht Buddhas zu sammeln, zu absorbieren, auszustrahlen und zu verstärken. Geistwesen, die die Fähigkeit haben, es *in großen Mengen* zu absorbieren und auszustrahlen, werden als „voll des Lichts" oder als *Führungsgeister des Lichts* bezeichnet. Es sind dies die Nyorai und Bosatsu, die aufgrund der ihnen zur Verfügung stehenden Lichtmengen sogar die Herzen anderer Menschen damit füllen und in seinem Glanz erstrahlen lassen können. Während alle Menschen im Laufe ihres Lebens das Licht Buddhas also bis zu einem gewissen Grad sammeln und ausstrahlen können, ist es den Führungsgeistern des Lichts vorbehalten, dieses Licht auf andere Menschen zu übertragen oder die ganze Welt darin erstrahlen zu lassen.

Wenn nun aber jede Seele die Kraft hat, das Licht Buddhas zu sammeln und auszustrahlen, was ist dann mit den bösen Seelen in der Hölle passiert? Sie sind von der Kraft des Lichts Buddhas ausgeschlossen, genaugenommen haben sie sich selbst, ausgelöst durch ihre bösen Gedanken, mit einer Wolke dunkler Energie umgeben, die kein Licht durchlässt. Es ist, als lebten sie in einer dunklen, feuchten Höhle. Sie suchen nicht mehr nach dem Licht Buddhas als geistige Nahrung, sondern leben von der dunklen Energie, die sich immer wieder in den Hinterköpfen der Menschen auf der Erde einnistet. Sie kommen, um diese Energie zu stehlen, dringen in die dunklen Nischen der menschlichen Gedanken vor, saugen die fremde Energie aus und führen die Menschen auf Irrwege. Sie sind wie Vampire, die die Lebenskraft der Menschen aussaugen.

Was können wir tun, damit wir nicht von diesen bösen Geistern besessen werden? Wir müssen sie daran hindern, unsere Energie anzuzapfen, indem wir alle dunklen, feuchten Regionen aus unseren Gedanken verbannen; wir müssen die Entstehung solcher dunklen Nischen in unseren Hinterköpfen verhindern, die sich wie Krebszellen in unserem ganzen Körper verbreiten und uns des Lichts Buddhas berauben. Wenn wir dies mit Erfolg betreiben, dann entziehen wir den Bewohnern der Hölle ihre einzige Energiequelle, und die Hölle wird aufhören zu existieren.

2.3 Die Inkarnationen Buddhas

Ich glaube, es ist allmählich an der Zeit zu erklären, was ich unter dem Begriff eines „Bosatsu des Lichts" verstehe.

So wie das Wort *Engel* sofort mit dem Christentum assoziiert wird, weist der Begriff des Bosatsu eindeutig buddhistische Züge auf. Dennoch befinden sich unter den Nyorai des Buddhismus auch einige Erzengel des Christentums, und in der Bedeutung des Wortes Bosatsu ist ebenfalls das „Engelhafte" enthalten. Wie in früheren Kapiteln erwähnt, sind sowohl das Christentum als auch der Buddhismus Ausprägungen derselben Lehre, der Wahrheit Buddhas, sie unterscheiden sich voneinander nur in der Farbe des Lichts, das ihre Gründer je nach ihrer Persönlichkeit ausstrahlen. Es macht also auch keinen Unterschied, ob die Geistwesen der höheren Dimensionen als *große Führungsgeister des Lichts* oder als *Engel des Lichts* bezeichnet werden. Von der Warte der auf der Erde lebenden Menschen können wir sie alle als Inkarnationen Buddhas verstehen.

Aber warum gibt es all diese Geistwesen überhaupt? Wenn Buddha alle Menschen gleich geschaffen hat, ist dann nicht die Existenz der Geistwesen in den höheren Dimensionen bereits ein Widerspruch in sich? Sollten gewöhnliche Menschen zu einem gewöhnlichen Leben verdammt sein, während die Geistwesen der höheren Dimensionen ein Leben auf einer höheren Ebene genießen können?

Um zu verstehen, warum es eine Differenzierung in höhere und niedrigere Wesen gibt, muss man zunächst wissen, dass sich Buddhas Weltbild auf die zwei Pfeiler *Gleichheit und faire Beurteilung von Leistungen* stützt: Alle Menschen, alle Tiere, alle Pflanzen, alle Mineralien haben in sich das Buddhawesen, sie sind ein Teil von Buddha, ein Ausdruck seines Willens, auch wenn sie nach außen hin verschiedene Erscheinungsformen aufweisen.

Man könnte sagen, sie sind die Diamanten, die – alle zusammengenommen – die Weisheit Buddhas ausmachen. Buddha verteilte diese Diamanten im Universum; aus einer Sorte erschuf er den Menschen, aus einer anderen die Tiere, aus wieder einer anderen die Pflanzen. Auf diese Weise sorgte er für die künstlerische Vielfalt und Schönheit des Lebens.

Doch ihnen allen ist eines gemeinsam: Sie enthalten in sich das Buddhawesen und können somit als *Kinder Buddhas* Bezeichnet Werden.

Es macht folglich keinen Unterschied, ob man sich auf einer höheren oder einer niedrigeren Dimension befindet. Alle Lebewesen sind *gleich*, weil sie alle die Lebenskraft Buddhas verkörpern. Wenn wir aber eine Diskriminierung zu erkennen glauben, dann liegt dies einzig und allein daran, dass wir die Wörter „höher" oder „niedriger" für die einzelnen Bewusstseinsebenen der Geistwesen falsch interpretieren: Es gibt hochentwickelte Geistwesen, in Entwicklung befindliche Geistwesen und noch nicht besonders entwickelte Geistwesen, aber sie alle wandern auf dem gleichen Weg – nur haben eben manche schon eine weitere Strecke zurückgelegt als andere. Die großen Führungsgeister des Lichts sind sehr alte Seelen, und so sind sie ihrem Ziel, der Buddhaschaft, auch bereits viel näher gerückt als die meisten der jungen, noch nicht besonders entwickelten Geistwesen. Die jungen Seelen befinden sich unweigerlich weiter hinten als die alten Seelen – aber kann man deshalb behaupten, dass die beiden ungleich behandelt würden? Kann man von ungleicher Behandlung sprechen, wenn man die Lebewesen nach der Strecke, die sie zurückgelegt haben, in verschiedene Gruppen einteilt?

Vielleicht sollten wir dieses Problem nicht vom Standpunkt der *Gleichheit oder Ungleichheit* betrachten, sondern lieber vom Standpunkt der *fairen Beurteilung von Leistungen*. Was haben die einzelnen Lebewesen wirklich geleistet? Nur weil manche Seelen sehr alt sind, muss dies nicht in jedem Fall bedeuten, dass sie auf dem Weg zur Buddhaschaft auch schon sehr weit vorangekommen sind. Manche machen kehrt und gehen den gleichen Weg zurück, den sie gekommen sind. Zum Beispiel gibt es Seelen, die früher Engel waren, aber jetzt als Dämonen in der Hölle sitzen. Diese Seelen hatten bereits ein großes Stück des Weges zurückgelegt, es sich dann aber aus irgendeinem Grund anders überlegt. Vielleicht wäre es treffender, von diesen Seelen nicht als „noch nicht besonders entwickelte Seelen", sondern vielmehr als „rückgebildete, degenerierte Seelen" zu sprechen.

Buddha hat also bei der Erschaffung der Seelen das Gebot der Gleichheit nicht verletzt, da er sie alle auf diesen einen Weg, den Weg zur Buddhaschaft, gesetzt hat. Auch das Gebot der Fairness hat er nicht verletzt, da alle Seelen in fairer Weise nach jener Distanz beurteilt werden, die sie auf diesem Weg bereits zurückgelegt haben. Die Geistwesen der höheren Dimensionen – die Inkarnationen Buddhas – haben aufgrund ihrer Leistungen in der Vergangenheit bestimmte Aufgaben und Rollen zugeteilt bekommen, während die Geistwesen der niedrigeren Dimensionen noch danach streben, einen ähnlichen Platz auf einer der höheren Bewusstseinsebenen einzunehmen.

2.4 Der Aufbau unserer Seele

Im vorigen Kapitel habe ich mich damit beschäftigt, die Seelen und ihre unterschiedlichen Entwicklungsebenen von den Gesichtspunkten der Gleichheit und der fairen Beurteilung ihrer Leistungen her zu untersuchen. In der Folge möchte ich nun übergehen zum Aufbau der Seele selbst.

Am Beginn schuf der Ewige Buddha, von dem man annimmt, dass er sich in der 20. oder einer noch höheren Dimension befindet, das Große Geistwesen der 13. Dimension, das mit der Schöpfung des Universums betraut war. Dieses wiederum schuf die Bewusstseinswesen der kosmischen Nebel in der 12. Dimension, die ihrerseits die stellaren Bewusstseinswesen der elften Dimension zum Leben erweckten. Und die stellaren Bewusstseinswesen waren dann für die Erschaffung der planetarischen Bewusstseinswesen der 10. Dimension verantwortlich. Die ersten Bewusstseinswesen mit menschlichen Eigenschaften waren die Großen Geistwesen der neunten Dimension.

Diese Großen Geistwesen der neunten Dimension sind zwar mit individuellen Charaktereigenschaften ausgestattet, aber ihre Energie ist zu groß, als dass sie in einem einzigen menschlichen Körper Platz finden würde. Wenn sie daher in der dritten Dimension Gestalt annehmen, verwenden sie dafür nur einen kleinen Teil ihres Bewusstseins. Als die Großen Geistwesen von Gautama Siddharta oder Jesus Christus auf die Erde kamen, war es in Wirklichkeit nur Teile ihres Bewusstseins, die zur Bildung jener individuellen Seele ausgeschickt wurden, unter der sie später als Person bekannt wurden.

Man sieht daraus also, dass es sich bei ihrer Seele um ein Wesen mit einem menschlichen Charakter handelt, welches dann, wenn es den Körper wieder verlässt, um in die neunte Dimension zurückzukehren, zu einem Teil der Erinnerungen des Großen Geistwesens wird, zu dem es gehört. Auf diese Weise können sich die Großen Geistwesen der neunten Dimension in beliebig viele Seelen aufteilen.

Etwas anders sieht die Lage bei den Führungsgeistern des Lichts in der achten Dimension, dem Reich der Nyorai, aus. Auch sie zählen zu den Großen Geistwesen, aber ihr Charakter ist individueller ausgeprägt, und so bleiben sie in den meisten Fällen in ungeteilter Form im Himmel. Wenn es die Situation allerdings erforderlich macht, können auch sie sich in jede beliebige Anzahl von Seelen aufspalten. Ein Beispiel dafür ist Yakushi Nyorai, ein Meister der Medizin, der die meiste Zeit als ungeteiltes Geistwesen in der achten Dimension verbringt, sich aber durch Lichtbrechung dann, wenn seine medizinische Hilfe vonnöten ist, in tausende und abertausende Wesen aufspalten kann, die in weiterer Folge die Menschen auf der Erde oder die Geistwesen führen und leiten. Die Nyorai der achten Dimension geben ihre ungeteilte Form also nur in Notfällen, für einen bestimmten und temporären Zweck, auf und teilen sich dann in die erforderliche Anzahl von Wesen. In dieser Hinsicht unterscheiden sie sich von den Großen Geistwesen der 9. Dimension, die – obwohl jedes von ihnen auch nur ein einziges charakteristisches Licht besitzt – fähig sind, eine genügend große Zahl an Seelen für viele verschiedene Aufgaben zu schaffen.Die Charaktereigenschaften der Geistwesen der siebenten Dimension, der Bosatsu, weisen bereits sehr individuelle Züge auf, was auch seinen guten Grund hat. Denn zum Unterschied zu den Geistwesen der achten Dimension, von denen einige niemals die Erde besucht haben, haben sämtliche Geistwesen der 7. Dimension Erfahrungen als menschliche Wesen auf der Erde.

El Cantares Geistwesen der 7. Dimension legen großen Wert auf Teamwork; in der Regel arbeiten sie immer in Gruppen zu sechst. Der Führer der Gruppe wird als „Hauptseele", die anderen fünf werden als „Teilseelen" betrachtet. Die Sechs nehmen abwechselnd menschliche Gestalt auf der Erde an, um ihre Aufgaben als Bosatsu („Engel") zu erfüllen. Dabei schlüpft die Seele, die mit dem Leben auf der Erde als nächstes an der Reihe wäre, in die Rolle eines „Schutzgeistes" für die gerade auf der Erde befindliche, was u. a. auch Lernzwecken dient. Allerdings ist unsere moderne Gesellschaft bereits so komplex geworden, dass diese Aufgabe immer häufiger von jener Seele übernommen wird, die gerade von ihrem Aufenthalt auf der Erde zurückkehrt. Die Erfahrungen jeder Seele werden mit den anderen Gruppenmitgliedern geteilt, wobei alle sechs ähnliche Charaktereigenschaften aufweisen.

Man kann sich das Verhältnis der einzelnen Seelen zu dem aus ihnen gebildeten Geistwesen etwa so vorstellen wie das Verhältnis von Kopf, Rumpf und Gliedmaßen zum menschlichen Körper als Ganzes.

Im Reich des Lichts der 6. Dimension gibt es diese Tendenz, in Gruppen zu sechst zusammenzuarbeiten, fast nicht mehr. Jedes Wesen arbeitet für sich allein, wodurch Begriffe wie „Geschwisterseele", „Hauptseele" oder „Teilseele" eher unüblich sind.

Im Reich des Lichts und in den niedrigeren Dimensionen leben einige Wesen, die vor etwa 100 Millionen Jahren entstanden, als Licht aus höheren Dimensionen die Seelen der 6. Dimension aufspaltete und daraus jeweils fünf weitere, identische, Duplikate schuf. Die Bewusstseinsebene dieser neugeschaffenen Duplikatwesen war jedoch niedriger als die der Originale, und viele von ihnen ließen sich bald im Reich der Guten (5. Dimension) oder in der 4. Dimension, dem Reich nach dem Tod, nieder. Damit diese Wesen die Möglichkeit haben, ihre ursprüngliche spirituelle Stufe wiederzuerlangen, durchlaufen die Menschen seit 100 Millionen Jahren den Zyklus der Wiedergeburt zwischen unserer und der wirklichen Welt.

In der sechsten Dimension und darunter ist die Hauptseele hauptsächlich mit dem Schutz und der Führung jener Wesen
befasst, die sich zu ihrer spirituellen Vervollkommnung auf der
Erde befinden. Sollten jedoch einmal die Erfahrungen einer Seele auf der Erde zu einem starken Ungleichgewicht bei den Er-
kenntnissen und Charakteren der Gruppenmitglieder führen, so
dass sogar ein Zerfall der Gruppe zu befürchten ist, so kann die
Gruppe durch die Kraft des Lichts Buddhas neu gebildet werden.

2.5 *Schutzgeister und Führungsgeister*

In spirituell aufgeklärten Kreisen ist immer wieder von „Schutzgeistern" und „Führungsgeistern" die Rede. Worum handelt es
sich dabei?

Man spricht häufig davon, dass jeder Mensch einen Schutzen-
gel (oder „Schutzgeist") hat, dessen Kraft sich auf den Menschen
überträgt: Hat der Schutzgeist viel Kraft, so zeigt das Leben des
Menschen einen positiven Verlauf, ist er jedoch schwach, dann
widerfährt dem Menschen auf der Erde Unglück.

Diese Schutzgeister existieren tatsächlich, wobei jedem Menschen genau ein Schutzgeist zugeteilt ist. Es ist auch bis zu einem
gewissen Grad richtig, dass die Kraft des Schutzgeistes Einfluss
auf das Schicksal des ihm anvertrauten Menschen hat. Wie ist es
aber möglich, dass ein Schutzgeist von der wirklichen Welt aus uns
Menschen auf der Erde beschützen kann?

Vor etwa 350 Millionen Jahren, als El Cantares hochentwickelte Wesen auf der Erde zu leben begannen, gab es noch keine Schutzgeister. Damals waren die Herzen dieser Wesen so rein und klar, dass sie direkt mit den Geistwesen der wirklichen Welt kommunizieren konnten. Außerdem gab es damals noch keine Hölle und keine bösen Geister, so dass Schutzgeister überflüssig waren. Aber vor etwa 120 Millionen Jahren versammelten sich Geistwesen mit Gedanken voll von Disharmonie und Zwist in der vierten Dimension, der untersten Stufe der wirklichen Welt, und bauten dort nach und nach die Hölle auf. Da sie sich von der Energie, dem Licht Buddhas abwandten, stürzten sie die Erde ins Chaos, indem sie in den Menschen Gedanken von Begierde, Übel und Disharmonie weckten, um jene dunkle Energie zu schaffen, die sie zum Überleben brauchten.

Dies war eine vollkommen unvorhersehbare Wendung in der Entwicklung der Geistwesen. Als sich die Führungsgeister des Lichts bewusst wurden, was geschehen war, beriefen sie eine Dringlichkeitskonferenz ein und beratschlagten, was zu tun wäre. Sie entschieden sich schließlich für den Vorschlag von Amor – heute in unserer Welt besser bekannt als Jesus Christus – der einen dreistufigen Plan vorsah:

Erstens sollte, um eine absolute Kontrolle der bösen Geister über die Erde zu vermeiden, jegliche direkte Kommunikation zwischen den Menschen und den Geistwesen der wirklichen Welt unterbunden werden. Anstelle dessen sollten die Menschen dazu ermutigt werden, in der materiellen Welt, in der sie lebten, nach einem besseren und vollkommeneren Leben zu streben.

Zweitens sollten alle Menschen bei ihrer Geburt einen Schutzgeist zugeteilt bekommen, der ihnen Beistand gegenüber den Versuchungen der Hölle leisten sollte.

Drittens sollten die großen Führungsgeister des Lichts in regelmäßigen Abständen die Erde besuchen und dort von Religion und der Existenz der wirklichen Welt predigen, damit diese unter den Menschen nicht ganz in Vergessenheit geriete.

Diese drei Prinzipien sind über mehr als 100 Millionen Jahre eingehalten worden. Aber da die Hölle inzwischen so groß geworden ist, ist es für einen Schutzgeist allein beinahe unmöglich, eine zum Zweck der spirituellen Vervollkommnung auf die Erde gekommene Person zu beschützen. Das wird noch dadurch erschwert, dass die Kommunikation mit der wirklichen Welt nun allen außer den religiösen Führern verboten ist und sich folglich auch keiner der Menschen mehr an frühere Leben erinnern kann, so dass die Versuchung, sich in der Begierde nach materiellem Reichtum zu verstricken, immer größer wird.

Zusätzlich führte die Vorschrift, dass die Führungsgeister des Lichts nur in bestimmten Zeitintervallen auf die Erde kommen durften, zu Religionskriegen und Konflikten innerhalb der einzelnen Religionen selbst. Satan und andere Dämonen nützten diese Situation aus und nisteten sich in den Köpfen einiger religiöser Führer ein, so dass diese Irrlehren verbreiteten, was zu noch größerer Verwirrung auf der Erde beitrug.

Vor diesem Hintergrund ist die Dringlichkeit unserer Mission, die Wahrheit Buddhas zu verbreiten, augenscheinlich. Es bestand aber angesichts einer solchen Lage auch bereits früher die Notwendigkeit, das ganze System der Schutzgeister neu zu überdenken.

Im allgemeinen gehören Schutzgeister einer Gruppe von sechs Geistwesen an, die aus einer einzigen Seele durch Vervielfältigung entstand, oder sie sind Mitglieder einer der zuvor besprochenen Sechsergruppen. Man hat sich jedoch darauf geeinigt, dass in jenen Fällen, wo eine Person auf der Erde mit einer großen Aufgabe betraut ist, in deren Erfüllung hohe Erwartungen gesetzt werden, dieser Person ein auf ihrem Gebiet spezialisierter Führungsgeist mitgegeben wird. Dies ist insbesondere bei religiösen Führern der Fall. Ihre Führungsgeister sind durchwegs Nyorai oder Bosatsu, also Geistwesen aus einer höheren Bewusstseinsebene als jene, von der sie selbst kommen.

Auf diese Art und Weise hat sich das System der Schutzgeister und Führungsgeister allmählich eingebürgert und gefestigt. Leider ist das Leben und das Schicksal der Menschen auf der Erde aber nach wie vor in großem Maße geprägt von der Abhängigkeit von bösen Seelen und Dämonen.

2.6 Die Evolution der Seele

Auch wenn die Erde in den letzten 100 Millionen Jahren durch den großen Einfluss der Hölle ins Chaos gestürzt wurde, so soll dies doch nicht heißen, dass eine Degeneration aller terrestrischen Geistwesen stattgefunden hat. Auf längere Sicht betrachtet kann sogar von einem bemerkenswerten Fortschritt die Rede sein, insbesondere was die Evolution der Seelen betrifft.

Es gibt einige Seelen, die zuerst auf der Erde geschaffen wurden, denen es aber trotzdem gelang, sich mit ungeheurer Geschwindigkeit zu entwickeln.

Einige besonders entwickelte Seelen haben es geschafft, bei jeder Wiedergeburt auf eine höhere Bewusstseinsebene zu klettern: von der vierten Dimension gelangten sie in die fünfte, von der fünften in die sechste und von der sechsten in die siebente, bis sich einige von ihnen schließlich auf die gleiche Bewusstseinsebene wie jene hochentwickelten Geistwesen begaben, die ursprünglich von anderen Planeten gekommen waren. Von den auf der Erde geschaffenen Seelen hat es zwar noch keine geschafft, bis zur neunten Dimension aufzusteigen, aber einige haben sich auf ihrem Weg zumindest bis zur achten Dimension durchgekämpft – sehr zur Freude der großen Geistwesen aus den höheren Dimensionen. Denn genau eine solche Entwicklung hatten sich die Geistwesen der höheren Dimensionen gewünscht, als sie die Gruppe der terrestrischen Geistwesen geschaffen hatten: eine Welt, die harmonischer und fortschrittlicher war als die auf den

Sternen, von denen sie gekommen waren. Wofür aber entwickeln sich die Seelen auf diese Weise von einer Bewusstseinsebene zur nächsten weiter? Und wie machen sie das überhaupt?

Für die Beantwortung der ersten Frage müssen wir einen Schritt zurückgehen und uns zunächst fragen: Warum hat der Ewige Buddha die Seelen auf verschiedenen Bewusstseinsebenen geschaffen? Hier liegt nämlich der springende Punkt.

Es macht keinen Sinn zu behaupten, dass Seelen mit dem einzigen Ziel geschaffen wurden, dass sie sich weiterentwickeln können. Da Buddha ja selbst das höchstentwickelte Wesen im Universum ist, gab es keine Notwendigkeit, Evolution als Selbstzweck zu schaffen. Buddhas Ziel war nicht die Evolution an sich – er erwartete ihre positiven Nebeneffekte.

Um eine Parallele zu zitieren: Warum haben Eltern, die selbst voll entwickelte Menschen sind, Kinder und ziehen diese auf? Nicht, weil ihr Ziel darin liegt, später ebenso voll entwickelte Erwachsene vor sich zu haben. Sondern weil sie Freude daran verspüren, ihre Kinder aufwachsen zu sehen. Durch sie wird das Haus erfüllt von Leben, durch sie breitet sich Glück und Freude aus.

Der Grund dafür, dass Buddha die Seelen auf verschiedenen Bewusstseinsebenen geschaffen und ihnen die Möglichkeit zur Evolution gegeben hat, liegt also in der Freude, die der Weg der Evolution mit sich bringt. Das Universum mit all seinen Lebensformen wurde erschaffen, weil seine Weiterentwicklung ein

Ausdruck der Freude Buddhas und der Ursprung des Glücks ist. Hierin liegt die fundamentale Ursache für das Gesetz der Evolution im großen Universum. Buddha wacht liebevoll über die von ihm geschaffenen Wesen und Seelen und behütet sie auf ihrem Weg der Entwicklung, auf ihrem Weg, an dessen Ende das Ziel liegt, eins mit Buddha selbst zu werden.

Wie entwickeln sich nun aber Seelen von einer Bewusstseinsebene zur nächsten weiter? Eine Möglichkeit zur Feststellung, auf welcher Entwicklungsstufe sie sich gerade befinden, ist die Messung der Menge des von ihnen ausgestrahlten Lichts. Ein Blick auf die Lichtmenge einer Seele in der wirklichen Welt genügt, und es können Aussagen über ihren spirituellen Fortschritt gemacht werden. Dasselbe funktioniert auch bei den Menschen auf der Erde. Je weiter das Stück, das sie auf ihrem spirituellen Weg bereits zurückgelegt haben und je höher der Grad ihrer Erleuchtung, umso stärker ausgeprägt ist die Aura des sie umgebenden Lichts. Jemand, der für spirituelle Dinge empfänglich ist, kann aus dieser Aura den Grad der Erleuchtung eines Menschen auf einfache Weise feststellen.

Es ist auch nicht schwierig festzustellen, wenn jemand in Kontakt mit der Hölle steht. Die Aura dieser Menschen ist schwach und hat keine klaren Umrisse; in ihr bewegen sich weiße Flecken hin und her, die Schatten der Geister, von denen diese Menschen besessen sind.

Die Aura jener Menschen, deren Grad der Erleuchtung dem anderen Bereich der 4. Dimension, nämlich dem Astralreich, entspricht, umgibt den ganzen Körper und den Hinterkopf und ist etwa ein bis zwei Zentimeter dick. Bei Erreichung des Erleuchtungsgrades der 5. Dimension, des Reichs der Guten, ist die Aura in Form einer 3 bis 4 Zentimeter dicken Schicht am Hinterkopf zu sehen; in der 6. Dimension, dem Reich des Lichts, ist sie kreisförmig, wie ein Heiligenschein, und hat einen Durchmesser von etwa 10 Zentimetern. Arakan[3] sowie Geistwesen mit einer bestimmten Mission, welche in den höheren Sphären der 6. Dimension weilen, haben ihrerseits eine Aura, die aussieht wie ein kleines, rundes Tablett, das in goldener Farbe leuchtet. Bei einem Erleuchtungsgrad, der dem der 7. Dimension (des Reichs der Bosatsu) entspricht, strahlt über den Schultern der Person ein 40 bis 50 cm breiter, goldener Ring, während bei der 8. Dimension, dem Reich der Nyorai, die Personen mit einer ein bis zwei Meter dicken Aura umgeben sind, die hell genug ist, um ihre unmittelbare Umgebung zu erleuchten.

Der spirituelle Fortschritt einer Seele kann also durch ihre Lichtmenge ausgedrückt werden. In anderen Worten: Eine Seele muss für ihre Weiterentwicklung wie ein Gefäß sein, das möglichst viel vom Licht Buddhas in sich aufnimmt. Aus diesem Grund muss sie ständig davor auf der Hut sein, dass nichts in das Gefäß gelangt, durch das das Licht Buddhas abgelenkt werden könnte, und durch kontinuierliche Übungen und Studien danach trachten, das Gefäß so groß wie möglich zu machen.

---

[3]   Arakan ist die japanische Lesung des Sanskrit-Wortes Arhat.

2.7 Die Beziehung zwischen dem Herz und der Seele

Ich habe in den vorhergehenden Kapiteln immer wieder die Begriffe „Bewusstsein", „Geistwesen" und „Seele" verwendet. Obgleich sich die begrifflichen Grenzen zwischen diesen Termini nicht immer ganz klar aufzeigen lassen, so lässt sich doch feststellen, dass in der Reihenfolge Bewusstsein – Geistwesen – Seele das menschliche Element immer stärker hervortritt. Was aber ist der Unterschied zwischen den Begriffen „Herz" und „Seele" – oder handelt es sich hier um ein- und dasselbe Phänomen?

Man könnte sagen, das Herz ist das Zentrum der Seele, in ähnlicher Weise, wie das Organ des Herzens auch das Zentrum des menschlichen Körpers ist. Wir können davon ausgehen, dass sich dieses Zentrum der Seele weder in unseren Gehirnzellen noch sonstwo in unserem Kopf befindet. Das lässt sich daraus erkennen, dass die Erinnerung an unser Leben auf der Erde auch nach unserem Tod, wenn wir in die wirkliche Welt zurückkehren, bestehen bleibt. Unsere Seele lebt weiter, sie kann denken, fühlen, sich erinnern, aber unsere Gehirnzellen sterben mit dem Dahinscheiden aus dieser Welt ab; folglich kann sich das Zentrum der Seele nicht in ihnen befinden. Unser Gehirn funktioniert einfach wie ein Steuerzentrum für Informationen: Wird dieses Steuerzentrum beschädigt, dann kann der Mensch nicht mehr klar denken oder handeln, seiner Seele aber ist nichts passiert.

Nehmen wir zur Verdeutlichung des eben Gesagten einen Menschen, der durch eine Verletzung des Gehirns geistig behindert ist. Seine Familie mag vielleicht der Meinung sein, dass er nichts mehr versteht von dem, was zu ihm gesagt wird; in Wahrheit ist dies aber meistens nicht der Fall. Da sein Herz – das Zentrum der Seele – keinen Schaden genommen hat, versteht er zwar alles, was zu ihm gesagt wird, kann sich aber aufgrund seiner Behinderung den anderen Menschen nicht mitteilen. So mag er zwar während seines Lebens auf der Erde seinen Körper und seine Sprache nicht steuern können, sobald er aber in die wirkliche Welt zurückkehrt, ist kein Unterschied mehr zwischen ihm und einem gesunden Menschen zu erkennen.

Stellen wir uns die Seele in Form eines menschlichen Körpers vor. Ich glaube, dass sich das Herz dann irgendwo dort befindet, wo sich auch das Herz unseres menschlichen Körpers befindet, also in der Nähe der Brust. Von dort steuert es unseren Willen und unsere Gefühle. Ein Teil der Seele hat natürlich auch Bezug zu unserem Gehirn, denn von dort werden Intellekt und Verstand gesteuert und Befehle an alle anderen Punkte weitergegeben. Und schließlich gibt es noch jenen Aspekt unserer Seele, der für unsere Spiritualität zuständig ist. Ihre Steuerung erfolgt entlang einer gedachten Linie von unserem Bauch über unser Herz und Gehirn bis direkt zu den Geschwisterseelen in der wirklichen Welt.

Geistwesen sind eigentlich eine Energieform ohne Gestalt. Schlüpfen sie aber in die Rolle eines Menschen, so bilden sie eine Seele in Gestalt eines menschlichen Körpers, mit dem Herz als Mittelpunkt, und verrichten in dieser Gestalt ihr spirituelles Werk auf Erden.

Viele Menschen auf der Erde leugnen die Existenz von Geistwesen oder die Existenz der Seele – die Existenz des Herzens leugnet allerdings fast niemand. Natürlich gibt es einige Materialisten, die behaupten, das Herz wäre nicht mehr als eine Funktion des Gehirns; wie kommt es dann aber, dass auch diese Menschen, wenn sie traurig sind, Tränen vergießen, ohne ihrem Gehirn zuvor den Befehl dazu zu geben? Wenn wir traurig sind, fühlen wir in unserer Brust ein beklemmendes Gefühl aufquellen, und unsere Tränen beginnen zu fließen, ohne dass wir etwas dagegen tun können. Ebenso ist es ganz natürlich, dass wir, wenn wir jemanden treffen, den wir schon lange nicht gesehen haben, in uns eine plötzliche Wärme aufsteigen fühlen und wir diesen Menschen ganz spontan umarmen wollen. Hierbei handelt es sich um eine intuitive Reaktion des Herzens, aber sicherlich nicht um kalte, berechnende Logik des Gehirns. Menschen, die behaupten, dass alles seinen Ursprung im Gehirn hat, können daher auf diese Weise ganz einfach widerlegt werden.

Über das Geheimnis des Herzens gibt es jedoch noch viel mehr zu erzählen.

2.8 Die Kraft des Herzens

Dass der Mensch ein durch den Willen Buddhas geschaffenes Bewusstsein, ein Geistwesen, eine Seele ist und dass das Herz als Zentrum dieser Seele angesehen werden kann, habe ich nun schon des öfteren erwähnt. Wie wirkt aber dieses Herz und welche Kräfte hat es?

Wenn wir einer Person gegenüber bestimmte Gefühle hegen, dann ist es häufig so, dass sich diese Gefühle auf die jeweilige Person übertragen. Wenn wir jemanden gern haben, dann spürt unser Gegenüber diese Gedanken und ist uns auch freundlich gesinnt. Ist uns hingegen jemand unsympathisch, dann scheint er dies ebenfalls zu spüren und ist uns gegenüber oft negativ eingestellt. Wie kommt es zu dieser Art der Telepathie?

Die Kraft unseres Herzens ist die Kraft zur Schöpfung, die uns Buddha über unsere *Gedanken* verliehen hat. Die folgenden Überlegungen sollen diese Aussage erklären.

Buddha hat das multidimensionale Universum, den dreidimensionalen Raum, die Seele der Menschen und ihre Körper durch die Kraft seiner *Gedanken* geschaffen. Da jeder Mensch Teil dieses Buddha-Bewusstseins ist, ein in sich geschlossener kleiner Mikrokosmos, hat auch die Kraft unseres Herzens dieselben Wurzeln wie die Kraft Buddhas, der die ganze Schöpfung ihre Existenz verdankt. Das bedeutet, durch jeden einzelnen unserer Gedanken erschaffen auch wir irgendetwas, hier in unserem dreidimensionalen Raum, und drüben, im multidimensionalen Universum. Die Gesamtheit der Gedanken der Menschen ist daher die Kraft, durch die die wirkliche Welt entstanden ist.

Aber *Gedanken* sind nicht gleich *Gedanken*, denn auch hier lassen sich verschiedene Stufen unterscheiden.

Zunächst gibt es die ganz normalen Gedanken, die Teil unseres täglichen Lebens sind und von jedem als ganz selbstverständlich erfahren werden. Dann gibt es eine zweite Gruppe von Gedanken, die konkreter als die erste ist und die man als „begriffliche" Gedanken bezeichnen könnte. Während man die erste Gruppe mit den Wellen des Meeres vergleichen könnte, die ständig die Küste umspielen, um sich dann wieder zurückzuziehen, ist die zweite Gruppe konkreter und zeigt eine gewisse Kontinuität. Diese Gedanken sind wie ein Film, den man abspielen könnte, wie ein Wasserlauf, der eine zusammenhängende Geschichte erzählt und immer in dieselbe Richtung fließt.

Schließlich gibt es noch eine dritte Gruppe von Gedanken, bei denen der „Wille" der Person eine große Rolle spielt. Diese Gedanken sind eindeutig schöpferischer Natur und bilden eine tatsächlich vorhandene physikalische Kraft, die in der Wissenschaft als Psychokinese bezeichnet wird. In der vierten Dimension und darüber haben diese Gedanken eine schöpferische Wirkung, ähnlich der Buddhas, und können zur Erschaffung verschiedener Dinge eingesetzt werden. Aber auch in der dritten Dimension ist ihre Wirkung als mentale Kraft nicht zu unterschätzen. Möchte man Personen in eine positive Richtung lenken, so kann eine Konzentration der eigenen positiven Gedanken auf diese Person bewirken, dass sich ihre eigenen Gedanken oder ihr ganzes Leben plötzlich zum Besseren wenden. Ebenso ist es allerdings auch möglich, diese Kraft in entgegengesetzter Weise einzusetzen. Eine Konzentration negativer Gedanken auf eine Person kann eine Verschlechterung im Leben dieser Person bewirken, sie kann krank werden oder sogar frühzeitig sterben.

Das bisher Gesagte waren Beispiele für den individuellen Bereich; dasselbe Prinzip kann aber ebenso auf große Gruppen angewandt werden. Würden hunderttausende oder Millionen von Menschen ihre Gedanken auf die Bildung einer Welt Buddhas oder eines Utopias auf Erden konzentrieren, so würde aus einem Winkel der Erde ein Lichtstrahl entfahren, in die Herzen aller Menschen eindringen und aus der Erde einen glücklicheren Ort machen. Wäre dies der Fall, würde sich unsere Erde in einen Teil des Reichs der Bosatsu verwandeln.

Natürlich könnte auch der gegenteilige Fall eintreten. Würde sich eine ausreichende Anzahl von Personen zugleich auf dunkle Gedanken wie Hass, Ärger und Egoismus konzentrieren, so würde ein Beobachter von einer anderen Bewusstseinsstufe plötzlich eine große Menge an negativer Energie sehen, die sich da und dort wie schwarze Gewitterwolken über die Erde legt und eine physikalische Kraft ausbildet, die die Erde in ein immer größer werdendes Chaos stürzt.

Das menschliche Herz verfügt also über gewaltige Kräfte, die es sowohl zum Guten als auch zum Schlechten einzusetzen vermag. Dessen müssen wir uns immer bewusst sein, damit wir nie die Kontrolle über die Kraft unseres Herzens verlieren.

2.9 Ein Gedanke führt zu 3000 Welten

Ich möchte hier etwas weiter ausholen und das, was ich über die Macht der Gedanken gesagt habe, noch um die von T'ien-t'ai

Chih-i (538–597), einem chinesischen buddhistischen Philosophen, vertretene Philosophie des *Ichinen-Sanzen*[4] ergänzen. Diese

[4] Ichinen-sanzen – Ein Gedanke führt zu 3000 Welten: Die Tendai-Sekte des Buddhismus lehrt, dass alles Existirende einer der folgenden zehn Kategorien zuzuordnen ist: 1) äußere Erscheinung, 2) inneres Wesen, 3) Körper, der individuelles Leben definiert, 4) Kraft des Unterbewusstseins, 5) äußere Aktivität, 6) unmittelbare Ursache für das Eintreten von Ereignissen, 7) nicht unmittelbare Ursache für das Eintreten von Ereignissen, 8) aufgrund von 6 und 7 eingetretenes Ergebnis, 9) positive Auswirkung des Ergebnisses, 10) Interrelation zwischen den Punkten 1–9. Daneben gibt es noch die Lehre der zehn miteinander in Verbindung stehenden Welten (Reiche). Diese sind: die Hölle; das Reich der Verhungernden; das Reich der wilden Tiere; das Ashura-Reich (Reich der Konflikte); das Reich der Menschen; der Himmel; das Reich jener, die das Wort Buddhas hören; das Reich jener, die zur Wahrheit erwacht sind; das Reich der Bosatsu; das Reich Buddhas. Jedes dieser Reiche enthält in sich selbst alle anderen neun Reiche.

Da es zehn Reiche in der anderen Welt und zehn verschiedene Bewusstseinszustände in dieser Welt gibt, können zehn verschiedene Personentypen je zehn verschiedene Bewusstseinszustände annehmen – so dass man insgesamt auf 100 Welten und 100 Bewusstseinszustände kommt. Multipliziert man diese 100 Welten noch mit den zehn oben genannten Kategorien, kommt man auf insgesamt 1000 Welten. Zusätzlich gibt es allerdings noch drei übergeordnete Welten, die mit der Beziehung der Menschen miteinander zu tun haben: 1) die Welt der Beziehung mit anderen Menschen, 2) die Welt des Individuums, für das die fünf Elemente Form, Wahrnehmung, Gefühle, Wille und Bewusstsein eine Rolle spielen, und 3) Gemeinschaft, Gesellschaft oder Staat. Durch Multiplikation kommt man daher insgesamt auf 3000 Welten. (Diese Welten unterscheiden sich voneinander durch die Faktoren „Raum" bzw. „Zeit"). Dies kann nur eine kurze Zusammenfassung der Theorie sein, die hinter dem Begriff Ichinen-sanzen steht. Für genauere Erklärungen empfehle ich die

Philosophie war die Reaktion auf eine Botschaft, die der Ewige Buddha persönlich an ihn gerichtet hat und die in etwa folgenden Inhalt hatte:

„Alle Menschen haben in ihrem Herzen den Kompass des Willens, aber ihre Kompassnadel schwingt wild hin und her und findet keine Ruhe. Selbst Mönche, die ihr Leben der Meditation verschrieben haben, kennen keinen Frieden. Geht eine schöne Frau vorbei, bewegt sich die Nadel in ihrem Herzen. Stehen sie vor einem reichgedeckten Tisch, bewegt sich die Nadel. Sehen sie, wie ein Rivale mit seinen spirituellen Übungen schneller ans Ziel kommt als sie selbst, bewegt sich die Nadel. Und werden sie von ihrem Meister getadelt, bewegt sich die Nadel schon wieder.

Das wahre Ziel der Erleuchtung liegt jedoch im Erlangen von Harmonie und Frieden — und das ist unmöglich, wenn sich das Herz ständig in Aufruhr befindet. T'ien-t'ai Chih-i, suche die Erleuchtung und mach dich auf und verbreite die Botschaft! Die Menschen werden niemals Frieden finden, so lange sich die Kompassnadel in ihren Herzen in Bewegung befindet. So wie die Nadel eines Kompasses nach Norden zeigt, so sollte auch die Nadel des Herzens in die Richtung Buddhas zeigen. So wie der Polarstern in

---

Lektüre von T'ien-t'ai Chih-is The Essential Doctrine of the Lotus Sutra oder Discourse an Meditation and Contemplation.

Die Natur dieser Philosophie ist sehr chinesisch, aber im wesentlichen will sie aussagen, dass aufgrund der Tatsache, dass es 3000 verschiedene Geisteswelten gibt, der Zahl und Art der Gedanken, die in einem menschlichen Bewusstsein aufkommen können, fast keine Grenzen gesetzt sind.

der Nacht die Menschen auf ihrem Weg führt, so musst auch du, T'ien-t'ai Chih-i, die Menschen auf ihrem spirituellen Weg führen und sie lehren, nach dem Willen Buddhas zu leben.

Das Herz ist ein wahrhaft mysteriöser Ort. Ist unser Wille voll von Disharmonie, so öffnet sich unser Herz dem Ashura-Reich und wir erfahren nichts als Zwietracht und Zerstörung. Ist unser Herz fixiert auf sexuelle Leidenschaft, dann sucht es Verbindungen zur Hölle der Lust, und die Toten übernehmen seine Kontrolle. Wir werden zu einem Instrument der Toten und dienen nur mehr zur Befriedigung der Lust von Wesen, die bereits tot sind. Doch selbst bei jenen Personen, die nach religiöser Erleuchtung suchen, zeigt die Kompassnadel ihrer Herzen manchmal in eine falsche Richtung. Sie werden stolz und prahlen und verbreiten falsche „Wahrheiten", weil sie glauben, dass die Stimmen, die sie hören, jene von Nyorai und Bosatsu sind, obwohl es in Wahrheit niemand anders als der Teufel selbst ist, der zu ihnen spricht. Diese armen, irregeführten Personen verbreiten Irrlehren, obwohl sie eigentlich selbst auf der Suche nach der Wahrheit sind, und über kurz oder lang werden auch sie in die Abgründe der Hölle stürzen.

Ist unser Wille jedoch auf die Richtung „gut" eingestellt, dann führt uns die Kompassnadel unseres Herzens in das Reich der Guten in der fünften Dimension, und unsere Freunde und Ahnen im Himmel werden freundlich auf uns herablächeln. Personen, die sich unablässig damit beschäftigen, anderen zu helfen, die Stolz und Arroganz beiseite geschoben haben, stehen bereits in dieser Welt in Kontakt mit dem Reich der Bosatsu und erreichen im Verlauf ihres Erdenlebens selbst schon den Bewusstseinszustand eines Bosatsu. Andere, deren Herzen darauf gerichtet sind, die Wahrheit zu verbreiten, deren Lehren vertrauenswürdig, ihr Charakter makellos und ihr Leben ein positives Beispiel für die anderen ist, sind sogar schon mit den Nyorai in Beziehung getreten und werden auf ihrem Lebensweg auch von diesen geführt.

Himmel und Hölle sind nicht Orte, die uns erst nach unserem Tod erwarten – sie sind im Hier und im Jetzt. Sie sind in unseren Herzen. Die Kompassnadel in unseren Herzen zeigt nach oben oder nach unten – zum Himmel oder zur Hölle, und deshalb behaupte ich, *dass ein einziger Gedanke zu nicht weniger als 3000 Welten führen kann.* Wenn wir einmal diese Wahrheit verstanden haben, dann werden wir stehenbleiben und nachdenken. Wir werden auf unser Leben zurückblicken, auf jeden einzelnen Tag, und die unrechten Taten unseres Herzens korrigieren.

Auf diesem Gesetz des Herzens, das ich dir heute enthüllt habe, beruht auch der edle Achtfache Pfad. Da sich Himmel und Hölle in den Herzen der Menschen auf der Erde befinden, bestimmt unser Leben in dieser Welt, wie unser Leben nach dem Tod, in der wirklichen Welt, aussehen wird. Dahermüssen wir uns den edlen Achtfachen Pfad als Grundlage für unser Leben auf der Erde nehmen.

Der Achtfache Pfad beinhaltet die folgenden acht Stadien:

> rechte Einsicht,
>
> rechte Gesinnung,
>
> rechte Rede,
>
> rechtes Tun,
>
> rechtes Leben,
>
> rechte Anstrengung,
>
> rechte Achtsamkeit und
>
> rechte Sammlung.

Nur wer alle diese acht Stadien beherrscht, kann sich ein reines Herz bewahren und gelangt als menschliches Wesen zur Vollendung.

T'ien-t'ai Chih-i, nimm diesen edlen Achtfachen Pfad als Grundlage für deine Gedanken und Taten und verbreite dann die Wahrheit des Ichinensanzen unter den Menschen. So wirst du zur Erleuchtung gelangen, und so wirst du auch die ganze Menschheit zur Erleuchtung führen.

2.10 Der Achtfache Pfad: Eine Interpretation für die heutige Zeit

Wir Menschen sind blind. Denn so lange wir auf der Erde leben, lassen wir uns nur von unseren fünf Sinnen führen und sind uns der Existenz der anderen Welten gar nicht bewusst. Aber der wirkliche Sinn des Lebens liegt außerhalb dessen, was wir mit unseren fünf Sinnen wahrnehmen können.

Es mag vielleicht paradox klingen, was ich hier sage, aber wir können nichtsdestoweniger unsere fünf Sinne nützen, um verstehen zu lernen, welche Welten jenseits von ihnen liegen. Wir sollten uns nicht damit begnügen, unsere Blindheit zu beklagen, sondern sollten unsere Sinne schärfen, um der Wahrheit des Lebens etwas näher zu rücken. Gerade solche Bemühungen sind es, in denen sich uns der edle Achtfache Pfad offenbaren wird. Der Achtfache Pfad ist der Weg zur menschlichen Vollendung. Er ist das Wissen darum, wie wir unsere Fehler korrigieren und ein rechtmäßiges Leben führen können.

Es gibt keine Patentlösung dafür, wie wir unser Leben führen sollen, denn je nach unserer Umgebung, Erfahrung, unserem Wissen und unseren Gewohnheiten sind wir im Leben mit unterschiedlichen Problemen konfrontiert. Niemand kann uns die Aufgabe abnehmen, diese Probleme für uns zu lösen. Wenn wir vom rechten Pfad abweichen, geschieht dies durch unsere eigene Schuld. Aus diesem Grund müssen wir alle unsere Bemühungen darauf konzentrieren, festzustellen, was für unser individuelles Leben „der rechte Pfad" ist.

Nach welchen Kriterien sollen wir beurteilen, was „recht" ist? Die Beantwortung dieser Frage ist die Aufgabe eines wahren religiösen Führers – es ist zugleich das Ziel meiner eigenen Mission auf dieser Welt. Zu wissen, was „recht" ist, bedeutet das Herz Buddhas zu kennen. Es bedeutet, Buddhas Leben zur Wissenschaft zu erheben. Denn es ist Buddhas Herz, das entscheidet, was gut und was böse ist, was wahr und was falsch ist, was schön und was hässlich ist. Um Buddhas Herz kennenzulernen, müssen wir das Wesen der Energie, des Lichts Buddhas näher erforschen; um Buddha wirklich zu verstehen, müssen wir daher große Anstrengungen auf uns nehmen.

Das ist die absolute, wirkliche Wahrheit. Die im folgenden angeführten Kriterien aus dem Achtfachen Pfad bezüglich der Frage, was „recht" ist, sind eine wertvolle Hilfe für die richtige Bewältigung unseres Lebens. Eine Bedingung, die wir jedoch erfüllen müssen, bevor wir uns den Achtfachen Pfad als Ziel setzen, ist der *Glaube an die Wahrheit Buddhas.*

Rechte Einsicht

Reflektieren wir über die Ereignisse jedes Tages unseres Lebens, als ob sie vor uns auf einer Leinwand vorbeizögen. Denken wir daran: Wenn wir die Dinge von der falschen Seite betrachten, wird alles falsch aussehen. Falsche Ansichten, beruhend auf einer religiösen Irrlehre, sind genau das Gegenteil der rechten Einsicht. Bewerten wir jeden Tag vom Blickwinkel des richtigen Glaubens aus. Bewerten wir alles – Ereignisse, Menschen und die ganze Welt – nach dem Gesetz von Ursache und Wirkung. Seien wir uns der Wirkung von all dem bewusst, was wir tun, und ebenso von all dem, was die anderen tun.

Rechte Gesinnung

Denken wir „recht"? Überlegen wir uns einmal, wie wir alle Dinge jeden Tag sehen, überlegen und reflektieren wir darüber, wie wir über die Menschen, die Ereignisse und die Welt um uns herum denken. Ist die Grundlage für unser Denken immer das, was wir gelernt haben, das, was wir als die Wahrheit Buddhas bezeichnet haben?

Für Buddhisten liegt der Kern der rechten Gesinnung im Nachdenken über die drei Grundübel Habgier, Wut und Verblendung, und in ihrer Korrektur. Diese drei Grundübel bilden zusammen mit den Übeln von Stolz, Zweifel und falschen Ansichten die Sechs Irdischen Leidenschaften.

Rechte Rede

Das wichtigste in diesem Zusammenhang ist, niemals zu lügen, denn das ist moralisch falsch und kann niemals als rechte Rede interpretiert werden. Weitere Aspekte der rechten Rede sind das Vermeiden von Komplimenten, unehrliche Worte jeder Art und verleumderische Aussagen.

Denken wir auch immer daran, dass Liebe bedeutet, anderen die Wahrheit nicht vorzuenthalten. Bleiben wir daher nicht stumm, wenn wir eine Ansicht hören, die eindeutig falsch ist.

Rechtes Tun

Unter keinen Umständen dürfen wir töten – weder Menschen noch andere Lebewesen. Wir sollen nicht stehlen und uns auch sonst nichts nehmen, was nicht dafür gedacht ist. Ebenso sollen wir unseren Partner nicht betrügen und müssen Pornographie und Prostitution vermeiden, damit wir nicht vom rechten Pfad abweichen. Und dazu sollten wir vielleicht noch hinzufügen, wie wichtig es ist, alle Lebensformen zu respektieren und zu schützen; weiters jenen zu geben, die unserer Hilfe bedürfen, sei es in Form einer ausgestreckten Hand oder einer Geldspende und letztendlich das, was wir für lohnend und gut halten, zu unterstützen und hochzuhalten.

Rechtes Leben

Spüren wir Harmonie in unserem Leben zwischen den Taten unseres Körpers (unsere Zunge mit eingeschlossen) und denen unseres Herzens? Rechtes Leben schließt laute Klagen und Unzufriedenheit ebenso aus wie Glücksspiele und Drogen (auch übermäßigen Alkoholkonsum). Wissen wir immer, wann wir genug haben? Sind wir dankbar für unser Leben und alles, was es auf der Welt gibt? Nützen wir die Zeit, die uns Buddha geschenkt hat, wirklich aus? Bemühen wir uns sicherzustellen, dass uns unsere Lebensart zum Achtfachen Pfad hinführt, dass wir nicht faul sind und niemandem zur Last fallen und dass wir niemandem Anlass zu gerechtfertigten Anschuldigungen bezüglich unseres Lebensstils geben!

Rechte Anstrengung

Bemühen wir uns wirklich mit aller uns zur Verfügung stehender Kraft, die Wahrheit Buddhas zu verstehen und zu erlernen? Gewöhnen wir uns an, uns wirklich anzustrengen und versuchen wir auch bewusst, jedes Übel und Böse zu vermeiden, indem wir das Gute fest in unserem Herzen verankern. Überprüfen wir bewusst das, was wir lesen, im Fernsehen oder im Kino sehen. Werfen wir unsere Faulheit ab, und arbeiten wir an allen unseren

Schwächen, die negative Auswirkungen in diesem oder unserem nächsten Leben haben könnten! Machen wir uns die Selbstverbesserung zu einer lebenslangen Aufgabe.

Rechte Achtsamkeit

Richten wir unser Herz und unseren Willen auf die Weiterentwicklung und Vervollkommnung unserer Seele als unser höchstes Ziel! Planen wir unser Leben so, dass wir uns ständig selbst verbessern und unseren Beitrag zu einer besseren Welt leisten. Denken wir an das Gesetz von Ursache und Wirkung, und achten wir darauf, dass alles, was wir wollen, gut und recht ist. Üben wir uns im rechten Gebet oder in der Meditation, um uns selbst zu verwirklichen, und schauen wir darauf, dass wir uns die Wahrheit Buddhas korrekt einprägen!

Rechte Sammlung

Nehmen wir uns eigentlich die Zeit, um uns zu sammeln, um zu bereuen, was wir schlecht gemacht haben, um über unseren Tag zu reflektieren oder um unseren Schutz- und Führungsgeistern danke zu sagen, bevor wir abends zu Bett gehen?

Verwenden wir in Zukunft jeden Tag ein bisschen Zeit dafür, um Ruhe zu finden und uns zu sammeln! Erfahren wir durch unsere Art der Meditation Frieden im Herzen? Eine nachweislich wirksame Art der Meditation ist, ruhig über sich selbst nachzudenken, als ob man durch eine kristallklare Wasseroberfläche Steine oder Muscheln auf dem Boden eines Schwimmbeckens betrachten würde.

Wer dem edlen Achtfachen Pfad folgt, wird zur Freiheit geführt. Es ist ein alter Pfad, der nichts von seiner Bedeutung verloren hat und uns auch in der heutigen Zeit lehrt, „recht" zu leben. Das Leben einer Person, die diesen Pfad geht, ist geprägt von Fortschritt und Weiterkommen, sowohl in dieser Welt als auch in der wirklichen Welt. Es führt zur höchsten Höhe, dem Zustand der Buddhaschaft.

Das Gesetz der Sonne

· III ·

DER FLUSS DER LIEBE

3.1 Was ist Liebe?

In diesem Kapitel wollen wir uns etwas nähere Gedanken über die Liebe machen. Was bedeutet das Wort *Liebe*? Es ist sicherlich nicht falsch zu sagen, dass Liebe für uns alle etwas sehr Wertvolles ist, das unsere ganze Aufmerksamkeit auf sich lenkt. Es ist ohne Zweifel das Wichtigste, das Prickelndste, was wir im Verlauf unseres Lebens erfahren. Oft ist es schon der Klang des Wortes *Liebe* allein, der in uns ein Gefühl der Faszination hervorruft. In ihm liegt Hoffnung. In ihm liegt Leidenschaft. In ihm liegt Romantik. Wenn wir wüssten, dass heute der letzte Tag unseres Lebens wäre und wir am Abend sterben müssten, dann könnten wir dennoch mit einem Lächeln auf den Lippen in die nächste Welt hinübergleiten, wenn wir uns sicher sind, dass wir zumindest von einer Person auf der Welt geliebt werden.

Ein Leben ohne Liebe ist wie die Reise eines erschöpften Menschen durch die Endlosigkeit der Wüste. Begegnet dieser Mensch auf seiner Wüstenwanderung durch das Leben der Liebe, dann erkennt er rings um sich plötzlich Oasen mit Blumen, die in voller Blüte stehen.

Aber was genau ist Liebe? Wer hat es schon jemals geschafft, Liebe im vollen Ausmaß ihrer Bedeutung zu definieren? Ein Schriftsteller? Ein Dichter? Ein Philosoph? Oder sind es letztendlich doch nur sehr religiöse Personen, die genau verstehen, was darunter gemeint ist?

Wie tiefgreifend können wir Liebe erfahren? Wie weit ist es uns möglich, in das wahre Wesen der Liebe Einblick zu nehmen? Hier liegt eine der Herausforderungen an uns Menschen – und auch gleichzeitig eines unserer Probleme. Liebe ist Freude, Liebe ist Glück. Aber Liebe ist auch Kummer, Liebe ist auch Schmerz.

Liebe bringt beide Extreme mit sich. Wahre Liebe führt zum größten Glück auf Erden, falsche Liebe stürzt uns ins tiefste Unglück. Liebe ist mit der größten Freude verbunden, die es gibt, aber falsch verstandene Liebe bringt Kummer und Schmerz über uns.

Um größtmögliches Glück in unser Leben zu bringen, müssen wir das wahre Wesen der Liebe verstehen lernen. Wenn wir dazu fähig sind, wird vor uns ein heller Lichtstrahl erscheinen, an dessen Ende Gott lächelnd wartet, die Arme zum Willkommensgruß ausgebreitet.

Jesus ist der Meister der Liebe schlechthin, er ist die Verkörperung von Gottes großer Liebe. Schon er hat erkannt, wie notwendig wir Menschen es haben, herauszufinden, was wahre Liebe bedeutet — denn selten zuvor in der Geschichte ist die Liebe so missverstanden worden wie heute, selten zuvor hat die Menschheit der Liebe den Rücken so zugewandt wie heute. Vergleichbar war vielleicht nur die Situation gegen Ende von Atlantis oder in Sodom und Gomorra.

Da Liebe so wenig verstanden wird, werden über dieses Thema sehr viele Fragen gestellt. Ich werde versuchen diese Fragen zu beantworten, wobei ich glaube, dass man sich dem Thema vom Blickpunkt des Lebens, der Welt und der Suche nach der Wahrheit am besten in Verbindung mit einer genaueren Untersuchung des Achtfachen Pfades nähern sollte. Der Achtfache Pfad und die Liebe — das sind die zwei Pfeiler, die in unserer modernen Welt als Ausgangspunkt für unseren Weg der spirituellen Vervollkommnung genommen werden sollten, die zwei Pfeiler für das Evangelium der Menschen von heute.

3.2 Die Existenz der Liebe

Obwohl wir so oft über die Liebe nachdenken, bleibt sie doch eines jener Phänomene, das wir nie wirklich zu Gesicht bekommen. Liebe ist nicht etwas, das wir in unsere Hand nehmen und anschauen oder jemandem zeigen können. Dennoch wissen wir, dass sie existiert, und wir alle glauben daran. Unser inniger Wunsch, Liebe zu erfahren, eine Liebe, die jeder sofort als solche erkennt, ist es, der uns dazu treibt, dass wir uns aufmachen auf diese niemals enden wollende Reise in der Suche nach Liebe.

Wenn Liebe etwas ist, das noch nie jemand gesehen, noch nie jemand berührt hat, heißt das dann, dass es nicht mehr als eine reine Fantasie, eine Luftspiegelung, ist? Sicherlich nicht, denn es gibt viele Dinge auf der Welt, die wir weder sehen noch berühren können und an deren Existenz wir trotzdem glauben. Nehmen wir als Beispiel einfach den Wind: Wir können den Wind mit unseren Augen nicht sehen, aber wir sehen die Blätter, wie sie durch die Luft wirbeln, wir hören das Ächzen der Zweige in den Bäumen – und all das ist für uns Beweis genug für die Existenz des Windes. Wir spüren ihn auf unserer Haut, manchmal zart, manchmal kalt, manchmal heftig, und wir beschreiben dieses Gefühl als „Wind". Es wäre aber völlig unmöglich, den Wind in eine Dose zu stecken, um ihn zu einem späteren Zeitpunkt jemandem zu zeigen.

In dieser Beziehung ist die Liebe dem Wind sehr ähnlich. Jeder glaubt an sie und spürt, dass es sie gibt, aber niemand kann einen objektiven Beweis dafür erbringen. Damit weist die Liebe aber auch eine erstaunliche Ähnlichkeit mit der Existenz von Gott auf. Viele Menschen sprechen von Gott und viele glauben an seine Existenz, aber niemand hat ihn uns noch zeigen können. Im Lauf der Geschichte haben viele große Personen über Gott[5] in der Religion, der Philosophie, der Poesie und der Literatur geschrieben, aber keiner von ihnen hat uns noch einen wirklichen Beweis für seine Existenz

---

[5]   In diesem Zusammenhang verstehe ich unter dem Wort „Gott" ausnahmsweise nicht das höchste Bewusstseinswesen, sondern eine Gottheit allgemein. Ich habe dabei ständig das Bild von Hermes, und zwar der wahren Person hinter dem Mythos, vor Augen.

geben können. Nicht einmal Jesus Christus hat auf seinen Vater zeigen können und sagen: Das ist Gott.

Christus sagte den Menschen, dass alle, die an ihn glaubten, die Worte seines Vaters im Himmel hören könnten, dass der Geist seines Vaters in ihn gefahren war und durch ihn spräche.

Er sagte ihnen, dass alles, was er selbst tat, in Wahrheit das Werk seines Vaters wäre, der durch ihn wirkte.

Er versuchte den Menschen also zu erklären, dass sie Gott durch seine Worte und seine Taten erfahren konnten. Und die Leute spürten tatsächlich die Gegenwart Gottes, wenn sie Jesus zuhörten, und einige von ihnen änderten ihr ganzes Leben aufgrund seiner Worte.

Es ist eine Tatsache, dass wir Menschen für das, was wir als das Wichtigste in unserem Leben erachten, keine Beweise haben. Das war schon immer so, das wird auch immer so sein. Diese Dinge sind zum Beispiel:

Gott, Liebe,

Mut, Weisheit,

Güte, Freundlichkeit,

Schönheit, Harmonie,

Fortschritt, Barmherzigkeit,

Wahrheit, Ehrlichkeit,

Selbstlosigkeit.

Überall im Universum gibt es diese Eigenschaften, und alle Bewohner der Welt des Lichts sind mit ihnen vertraut. Aber hier auf der Erde ist es schwierig, einen überzeugenden Beweis für ihre Existenz zu finden, und zwar deshalb, weil es sich durchwegs um Eigenschaften aus der wirklichen Welt der 4. Dimension aufwärts handelt, die mit den in der dritten Dimension zur Verfügung stehenden Mitteln nicht erklärt werden können.

Das allerhöchste Wesen auf der Welt, der Ewige Buddha (Ewige Gott), existiert auf der 20. oder einer noch höheren Bewusstseinsebene. Seine Existenz mit den Mitteln der dritten Dimension nachzuweisen ist absolut unmöglich. Wir müssen deshalb Glauben haben. Im Lexikon steht unter Glaube „bejahendes Verhältnis und Vertrauen zu Gott". „Bejahendes Verhältnis" bedeutet die Annahme von Gott, und „Vertrauen" ehrfurchtsvolles, vertrauendes Emporblicken zu ihm.

Jesus sagte: „Gott ist die Liebe"[6]. Die Liebe ist ohne Zweifel eine der bestimmenden Eigenschaften von Gott, aber ich glaube, dass das, was Jesus mit seinen Erörterungen über das Thema Liebe vor 2000 Jahren in Nazareth ausdrücken wollte, in etwa folgendes gewesen sein muss:

> *„Es ist unmöglich, die Existenz Gottes zu beweisen. Am nächsten kommen wir vielleicht, wenn wir ihn mit einer ähnlichen Kraft vergleichen, nämlich der Liebe. Es kann*

---

[6]   „Gott ist die Liebe" ist ein Ausdruck für das Wesen unseres Herrn El Cantare, den „Gott der Liebe", wie Jesus ihn erfahren hat.

auch niemand die Existenz der Liebe nachweisen, aber dennoch kennt jeder das Wunder der Liebe. Jeder weiß, wie schön Liebe ist, und jeder strebt danach, sie zu erlangen. Jeder glaubt an die Kraft und die Macht der Liebe.

Mit dem Glauben an Gott verhält es sich sehr ähnlich. Jeder, der an die Liebe glaubt, muss auch an Gott glauben. Jeder, der an die Kraft der Liebe glaubt, muss an die Kraft Gottes glauben. Denn Gott ist die Liebe. Schaut mich, Jesus Christus, den Sohn Gottes, an! Ich bin das Werkzeug der Liebe Gottes. Meine Taten stammen nicht von mir, sondern von meinem Vater im Himmel. Wenn Ihr Liebe sehen wollt, dann seht zu, was ich mache. Mein Werk ist ein Werk der Liebe. In ihm werdet Ihr Gott finden."

3.3 Die Kraft der Liebe

Für mich ist Liebe die stärkste Kraft, die es auf der Erde gibt. Und nicht nur auf der Erde, sie bleibt es auch in der wirklichen Welt, in allen Dimensionen, ja, sie wird sogar immer stärker, je weiter wir die Leiter zwischen den Dimensionen emporklettern. Die Liebe ist nämlich eine Kraft, die vereint. Zum Unterschied von Kräften, die einander ausschließen und schwächen, können solche vereinenden Kräfte die Kraft des Individuums verdoppeln oder sogar verdreifachen. Deshalb kennt die Liebe auch keine Feinde, deshalb steht ihr niemand im Weg.

Liebe ist wie ein Panzer. Sie überwindet Berge, Täler, Flüsse, Sümpfe und lässt sich nicht von Hochburgen des Übels stoppen. Unermüdlich schreitet sie fort auf ihrem Weg.

Liebe ist Licht. Sie erleuchtet die Nacht, die Vergangenheit, die Gegenwart und die Zukunft. Sie scheint im Himmel, sie scheint auf der Erde, und sie scheint in unseren Herzen. Durch sie wird das Böse auf der Welt weggeschmolzen, durch sie wird die Traurigkeit auf der Welt von Wärme durchflutet.

Liebe ist Leben. Alle Menschen auf der Welt leben von der Liebe; sie brauchen die Kraft der Liebe, sie brauchen das Feuer der Liebe, welches das Leben selbst ist. Liebe ist einfach alles. Ohne Liebe gibt es kein Leben und keinen Tod, keinen Weg und keine Hoffnung. Liebe ist alles. Sie ist das Brot des Lebens.

Liebe ist Leidenschaft. Leidenschaft ist die Kraft der Jugend und der Glaube an die unendliche Vielfalt der Möglichkeiten. Leidenschaft ist eine feurige Energie, voll von Wahrheit und dem endlosen Pulsieren des Lebens.

Liebe ist Mut. Ohne Liebe würden die Menschen nicht zu Taten angeregt werden, ohne Liebe würden sie nicht tapfer dem Tod entgegentreten. Liebe ist die Flamme, die die Kerze der Wahrheit entzündet; sie ist ein Pfeil, gerichtet gegen die Verblendungen des Lebens.

Liebe ist ein Schwur. Im Namen der Liebe teilen Menschen miteinander ihr Leben, ihre Gespräche, ihre Schritte. Ohne die Verbindung durch die Liebe würden sie in verschiedene Richtungen auseinanderstieben und jeden Tag nur darauf warten, dass es Abend würde.

Liebe sind gute Worte, schöne Gedanken, positive Vibrationen. Ohne Worte gibt es keine Liebe, ohne Liebe keine Worte. Gott schuf die Welt mithilfe von Worten, und die Liebe schafft den Menschen mithilfe von Worten immer neu.

Liebe ist Harmonie. Durch Liebe kommen die Menschen einander näher, vergeben und nähren einander und schaffen eine wunderbare Welt. Im Kreis der Liebe gibt es keinen Ärger, keinen Neid und keine Eifersucht. Es gibt nur viel Harmonie und Menschen, die einander achten und füreinander da sind.

Liebe ist Freude. Ohne Liebe würden wir keine wahre Freude kennen, ohne Liebe gäbe es kein wahres Glück. Liebe ist ein Ausdruck der Freude Gottes, sie ist jene Kraft, die die Traurigkeit von dieser Welt mit einem Schlag wegfegt. Liebe ist Freude, und Freude bringt Liebe hervor und diese wiederum neue Freude.

Liebe ist Fortschritt und Weiterkommen. Ein Funken von Liebe führt zu einem Funken von Fortschritt, ein Funken von Liebe führt zu einem Funken von Licht. Tage gefüllt mit Liebe sind Tage gefüllt mit Fortschritt und Weiterkommen, Tage gefüllt mit Licht. Denn am Ende des Weges der Liebe wartet Gott auf uns. Am Ende des Weges der Liebe warten unzählige Geistwesen auf uns. Wo Liebe ist, gibt es kein Zurück. Wo Liebe ist, gibt es keine Furcht. Wo Liebe ist, gibt es nur Fortschritt und Weiterkommen. Liebe ist das Hinfliegen zu Gott.

Liebe ist ewig. Sie ist in der Vergangenheit, der Gegenwart und der Zukunft zu finden. Niemals hat es eine Zeit ohne Liebe gegeben, niemals haben die Menschen ohne Liebe gelebt. Liebe ist wie ein glänzender goldener Flügel, der alle Schranken der Zeit durchbricht. Sie ist wie Pegasus, wenn er durch die Lüfte fliegt. Liebe ist der lebendige Beweis für die Ewigkeit; Liebe ist der Jäger, der die Ewigkeit im Jetzt einfängt.

Und schließlich ist Liebe auch Gebet. Ohne Liebe gibt es kein Gebet, ohne Gebet keine Liebe. Durch das Gebet wird die Liebe zu einer noch positiveren Kraft, sie kann alles erreichen. Das Gebet stärkt die Kraft der Liebe und vertieft sie. Durch das Gebet zu Gott erfahren wir Liebe; durch das Gebet zu Gott verwirklichen wir die Liebe.

Gott ist Liebe. Liebe ist Gott. Die Liebe wird Gott durch die Kraft des Gebets. Durch das Gebet lernen wir die ganze Kraft der Liebe kennen.

3.4 Das Mysterium der Liebe

Liebe hat etwas wahrhaft Mystisches an sich. Ihre Größe und ihre Tiefe gehen ins Unendliche und lassen sich nicht messen. Je mehr wir über die Liebe nachdenken, umso gehaltvoller erscheint sie uns, umso tiefer erfahren wir sie. Gott offenbart sich uns nicht in seiner wahren Gestalt, sondern hat an seiner Stelle die Liebe auf die Erde geschickt. Durch sie sollen wir seine wahre Gestalt verstehen, aber durch sie sollen wir auch lernen.

Der Fluss der Liebe

Durch die Liebe verspüren wir eine Kraft, die für unsere Augen unsichtbar ist. Das ist es, was sie zum Mysterium macht.

Ich möchte Ihnen hier eine kurze Geschichte über das Mysterium der Liebe erzählen:

Es war einmal ein alter Mann, der war sehr einsam, denn er hatte keine Kinder und keine Enkel. Er wohnte in einem kleinen Tempel am Rande des Dorfes, wo oft Kinder zum Spielen hinkamen. Der aufgeweckteste unter den Kindern war Taro, ein 13-jähriger Knabe, der seine Eltern schon früh verloren hatte und nun von seiner verheirateten Schwester aufgezogen wurde.

Eines Tages spielte Taro auf den Steinstufen, die zum Tempel führten, als sich drei Sperlinge zu ihm gesellten, von denen plötzlich einer zu sprechen begann.

„Die Sonne ist das Wunderbarste, was es auf dieser Welt gibt", sagte er. „Weil die Sonne am Himmel scheint, ist unsere Welt voll von Farben. Die Bäume, Blumen und Gräser wachsen, das Getreide beugt sich unter der Last seiner Ähren, und wir Sperlinge können uns darüber freuen.

Wenn die Sonne plötzlich verschwände, würde die Welt rabenschwarz werden, und nichts könnte mehr leben. Wir Sperlinge sind immer bemüht, der Sonne zu danken, und so bleiben wir bescheiden und ehrerbietig und würden nicht auf die Idee kommen, andere Sperlinge zu töten. Aber die Menschen halten es für selbstverständlich, dass die Sonne jeden

Tag auf sie herablacht, und sie sind voll von Stolz und tun nur, was sie wollen. Sie kämpfen miteinander und sprechen Böses hinter dem Rücken anderer, manche beginnen sogar Kriege. Wenn sie so weiter tun, wird die Sonne einmal genug von ihnen haben und sich verstecken."

Als die anderen dies hörten, erhob der zweite Sperling seine Stimme: „Nein, das Wunderbarste auf dieser Welt ist das Wasser. Ohne Wasser könnte kein Lebewesen existieren. Ohne Wasser würden sogar die Bäume und Gräser umkommen, bevor noch diese Woche vorüber ist. Ohne Wasser gäbe es kein Getreide und keinen Reis, und wir alle müssten sterben. Ohne Wasser könnte keines der Tiere länger als eine Woche überleben. Daher ist das Wasser die Wurzel allen Lebens – und ich glaube, es ist das Wunderbarste, was uns diese Erde geschenkt hat.

Wir Sperlinge sind immer bemüht, dem Wasser zu danken, und so leben wir in Harmonie miteinander. Aber die Menschen halten das Wasser für gratis und haben keinen Respekt davor. Sie arbeiten im Schweiße ihres Angesichts, um so nutzlose Dinge wie Juwelen und Halsketten kaufen zu können. Wir Sperlinge sind zufrieden, so wie Gott uns geschaffen hat, aber die Menschen verwenden ihre ganze Zeit darauf herauszufinden, wie sie noch schöner werden könnten. Sie wollen alle berühmter, reicher und schöner als ihre Nachbarn sein, und sind doch in Wahrheit nur Dummköpfe".

Zuletzt begann der letzte der drei Sperlinge zu sprechen:

Der Fluss der Liebe

„Was Ihr beide gesagt habt, stimmt. Die Sonne und das Wasser sind wunderbare Geschenke der Natur. Aber das Wertvollste auf der Welt ist etwas, worüber die meisten Menschen gar nicht nachdenken, etwas, dessen Wert sie nicht bemerken. Sie verschwenden keinen Gedanken daran und doch halte ich es für das Wunderbarste auf dieser Welt: Die Luft, die wir atmen. Würde sich die Sonne verstecken oder das Wasser austrocknen, dann könnten wir noch immer ein paar Tage überleben, aber ohne Luft wären wir in wenigen Minuten tot. Vielleicht fällt Euch nun, wo ich Euch darauf aufmerksam gemacht habe, auf, wie wunderbar die Luft ist, aber die Menschen halten nicht inne, um sich dessen bewusst zu werden.

Wenn wir durch die Lüfte fliegen, dann atmen wir kräftig ein, und wir sind dankbar für diese Luft. Selbst die Fische strecken, wenn es ihrem Ende zugeht, ihre Köpfe aus dem Wasser, um Luft zu schnappen und dafür zu danken. Aber die Menschen in ihrem Stolz schreiben es ihrer eigenen Intelligenz zu, dass sie es geschafft haben, Flugzeuge zu bauen, die durch die Luft fliegen. Sie haben unrecht. Denn es ist die Luft, die es den Flugzeugen ermöglicht zu fliegen. Die Luft verlangt weder uns noch den Menschen etwas ab, wenn wir durch sie fliegen wollen. Wir Sperlinge sind der Luft dankbar, aber ich habe noch nie einen Menschen gesehen, der der Luft dankbar wäre.“

Taro, der die Gespräche der drei Sperlinge mitgehört hatte, wurde sehr traurig und nachdenklich. Er war sein ganzes Leben lang in dem Glauben aufgewachsen, die Menschen wären die Herren der Schöpfung, und er hatte noch nie jemanden so sprechen gehört. Aber es war etwas Wahres daran, was die Sperlinge sagten: Er selbst hatte noch niemals Dankbarkeit für die Sonne, das Wasser oder die Luft empfunden, und er gab den Sperlingen recht, wenn sie die Menschen als Dummköpfe bezeichneten. Sperlinge waren sicherlich bessere Lebewesen als die Menschen.

Taro sprang auf die Beine und rannte die Steintreppen zum Tempel hinauf. Die Sperlinge flatterten vor Angst davon. Taro erzählte dem alten Mann, was die Sperlinge gesagt hatten und brach dabei in Tränen aus. Schluchzend sagte er: „Wenn die Menschen solche Dummköpfe sind, warum bin ich dann nicht lieber als Sperling auf die Welt gekommen?"

Der alte Mann lächelte ihn freundlich an und sagte: „Ich beglückwünsche Dich zu dem, was Du gelernt hast. Du hast recht. Menschen sind Dummköpfe, und sie haben vergessen, was im Leben das Wichtigste ist. Aber wie dumm sie auch sein mögen, sie lieben einander, und deshalb werden ihnen ihre Sünden vergeben. Menschen sind hässlich, aber die Hässlichkeit vergeht nicht dadurch, dass man sich auf sie konzentriert. Um uns unsere Sünden zu vergeben, um die Hässlichkeit in uns verschwinden zu lassen, hat uns Gott die wunderbare Kraft der Liebe gegeben. Durch diese Liebe, diese mystische Kraft, erlaubt er uns, auch weiterhin die Herren der Schöpfung zu bleiben".

3.5 Liebe kennt keine Feinde

Liebe ist die größte Kraft im Universum; Liebe kennt keine Feinde.

Im Laufe ihres Lebens werden die Menschen mit den verschiedensten Problemen und Schwierigkeiten konfrontiert – aber es sind genau diese Probleme, durch die die Seele lernt und sich weiterentwickelt. Das ist schon von Beginn an so geplant gewesen.

Welche Probleme meine ich damit konkret? Ich spreche von Krankheit, Armut, Verzweiflung, von Liebeskummer, dem Scheitern einer Firma, dem Verlust eines Freundes, der Trennung von einem geliebten Menschen, aber auch von einem Treffen mit einer Person, die wir nicht mögen. Und zusätzlich zu all diesen Problemen werden wir immer älter und hässlicher, wir werden schwächer und schwächer, bis wir schließlich sterben.

Wenn wir nur auf diese Probleme schauen, dann mag uns unser Leben voll von Mühsal und Traurigkeit erscheinen, aber hinter dieser Mühsal steckt ein Sinn, und auch die Traurigkeit ist nicht ohne Bedeutung. Denn durch sie erhalten wir die Möglichkeit zu wählen – zu wählen zwischen dem Leben eines Gebenden oder dem eines Nehmenden.

Liebe ist *Geben*. Lieben bedeutet nicht, Gottes Geschenk anzunehmen und für uns zu behalten, es bedeutet, es mit anderen zu teilen. Gottes Liebe ist unendlich; so viel wir von ihr auch an andere Personen weitergeben, sie wird doch niemals weniger. Gott versorgt uns immer mit Liebe.

Liebe ist *Geben*. Ich betone das so oft, damit es von niemandem missverstanden wird.

Vielleicht gibt es unter den Lesern Menschen, die gerade jetzt unter der Liebe leiden. An sie ist meine Frage gerichtet: Warum leidet Ihr? Was genau ist der Grund dafür? Ist der Grund der, dass Ihr Liebe gegeben habt? Oder könnte es sein, dass Ihr vielleicht im Gegenzug etwas dafür erwartet habt? Wahre Liebe erwartet nichts. Wahre Liebe gibt nur. Die Liebe, die Ihr weitergebt, gehört nicht Euch selbst. Sie ist auch Euch gegeben worden – von Gott. Unsere Aufgabe ist es, andere Menschen zu lieben, um dadurch Gott diese Liebe wieder zurückzugeben.

Kommt Euer Leiden daher, dass Ihr das Gefühl habt, eine Person, die Ihr liebt, gibt Euch Eure Liebe nicht zurück, liebt Euch vielleicht gar nicht? Zu eben solchen Zeiten, wenn wir das Gefühl haben, dass uns manche Personen nicht so lieben, wie sie es unserer Meinung nach eigentlich tun sollten, wandeln sich die Möglichkeiten, die uns durch die Liebe gegeben werden, in Leid und Kummer um. Doch das, was wir für unsere Liebe zurückbekommen, kommt nicht von diesen anderen Menschen, es kommt von Gott.

Was gibt uns Gott für unsere Liebe?

Je mehr wir andere Menschen lieben, umso näher werden wir Gott. Das ist sein Geschenk für unsere Liebe. Sehen wir uns an, was wir über Gott wissen. Er ist wie das Licht der Sonne, und seine unendliche Liebe und Barmherzigkeit ist mit uns und allen Lebewesen, ohne dass er etwas dafür verlangt. Wir haben von Gott das Leben bekommen, diese Energie, die in jedem von uns steckt, ohne dass er etwas dafür wollte.

Deshalb sollten wir anfangen *zu Geben*. Wir sollten jeden Tag darüber nachdenken, wie wir anderen durch das Geben unserer Liebe zu Glück verhelfen können. Wenn wir geben, lassen wir die Herzen jener, die verloren oder verwirrt sind, im Licht der Liebe neu erstrahlen. Wenn wir geben, retten wir die Menschen aus ihrer Verzweiflung und ihrer Frustration und erfüllen sie stattdessen mit Weisheit und Mut.

Aber gebt mit Weisheit! Richtiges Geben besteht nicht im Herschenken von materiellen Gütern. Das befriedigt nur unseren Drang danach, als karitativer Mensch bezeichnet zu werden, mit wahrem Geben hat es aber nichts zu tun. Wahres Geben führt dazu, dass Menschen motiviert werden. Um Menschen motivieren zu können, müssen wir weise vorgehen. Versuchen wir deshalb, mit Weisheit und Mut ein Leben des Gebens zu führen und den Menschen unsere Liebe zuteil werden zu lassen, ohne im Gegenzug etwas dafür zu erwarten.

Liebe kennt keine Feinde. Liebe ist unbesiegbar. Denn die Liebe ist wie ein breiter Fluss, ein Fluss, der von einer unendlich großen Quelle zu einer unendlich großen Mündung fließt. Niemand hat die Kraft, gegen diesen Strom anzukämpfen. Er gibt alles und hat doch zugleich auch die Kraft, alles mit sich wegzureißen. Es gibt nichts Böses auf dieser Welt, das so stark wäre, als dass es der Kraft der Liebe auf Dauer Widerstand leisten könnte.

3.6 Die Stadien der Liebe

Wahre Liebe ist also eine Liebe, die gibt, aber nichts dafür erwartet. Doch nur wenige Menschen sind sich der Tatsache bewusst, dass die Liebe verschiedene Stadien der Entwicklung durchläuft.

Da gibt es zunächst einmal die erste Stufe, die . Diese könnte man als Grundform der Liebe bezeichnen, sie ist auch die vielleicht am einfachsten zu verstehende Art der Liebe. Es ist die Liebe der Eltern zu ihren Kindern, der Kinder zu ihren Eltern, des Mannes zur Frau, der Frau zum Mann, die Liebe zwischen Freunden und auch die Nächstenliebe. In einem weiteren Kontext könnte man hier auch die Liebe zu einer Gemeinschaft oder zur Gesellschaft als solche einordnen.

Natürlich ist auch diese Form der Liebe eine *Liebe, die gibt*. Ihr wesentliches Merkmal besteht darin, dass sie an einem bestimmten Objekt Interesse zeigt und dieses dann mit ihrem Wohlwollen überschüttet. Obwohl sie die grundlegendste und weitverbreitetste Art der Liebe ist, ist sie doch oft die Ursache für Probleme.

Wäre unsere Welt der dritten Dimension voll mit dieser Liebe, dann hätten wir den Himmel auf Erden. Denn es ist eine Form der Liebe, von der jeder von uns erwarten kann, sie einmal zu erleben, deren Wesen jeder kennt und versteht. Es ist uns angeboren, uns glücklich zu fühlen, wenn wir Liebe geben können. Das Problem liegt nicht darin, dass wir diese Art von Liebe nicht verstehen, sondern dass wir sie nicht immer in die Praxis umsetzen können. Gelänge dies allen von uns, dann würde sich unsere Welt der dritten Dimension in die Welt der Guten in der 5. Dimension verwandeln; die Verwirklichung dieser *Elementaren Liebe* ist also der erste Schritt auf dem Weg zum Himmel.

Die zweite Entwicklungsstufe der Liebe ist die *Inspirierende Liebe*. Während zur Elementaren Liebe im Prinzip jeder fähig ist, sofern er sie in die Praxis umsetzen kann, ist dies bei der *Inspirierende Liebe* nicht mehr der Fall. Denn um das schlafende Potential in anderen Menschen wecken zu können, ist ein gewisser Grad an Reife notwendig; nur Personen, die die Gabe haben, andere Menschen zu leiten oder sich diese Eigenschaft angeeignet haben, sind fähig, diese Art der Liebe weiterzugeben.

Denn diese Inspirierende Liebe ist eine *Liebe, welche Führt*. Für die Verwirklichung dieser Art von Liebe muss die Liebe in einem Menschen bereits tiefer verwurzelt sein als es die zuvor besprochene erste Stufe der Liebe je sein kann. Denn es ist unmöglich für einen Blinden, einen anderen Blinden zu führen.

Inspirierende Liebe ist eine intellektuelle Liebe, eine Liebe der Vernunft. Einzig und allein intelligenten Menschen ist es vorbehalten, die Menschheit und die Gesellschaft wirklich zu verstehen; nur Menschen mit einem hohen Grad an Vernunft können alle Probleme richtig einschätzen, die notwendigen Schritte zu ihrer Lösung ergreifen und andere Menschen mit Erfolg führen. So lassen Personen, die diese Art der Liebe verkörpern, Menschen, die nach spiritueller Weiterentwicklung streben, auch manchmal den „Zorn des Meisters" spüren, um sie auf den richtigen Weg zurückzuführen. Wenn sie dazu nicht fähig sind, sind sie auch zur Inspirierenden Liebe nicht wirklich fähig.

Dieser Definition zufolge könnte man die Inspirierende Liebe im Reich des Lichts der 6. Dimension ansiedeln. Natürlich gibt es auch in unserer Welt spirituelle Führer, die diese Art der Liebe ausstrahlen können – aber die Herzen dieser Menschen sind bereits in Kontakt mit der 6. Dimension.

Wir haben bis jetzt zwei Arten der Liebe kennengelernt: Die *Elementare Liebe*, für die ein Liebesobjekt notwendig ist, welches dann mit unserem Wohlwollen überhäuft wird, und die *Inspirierende Liebe*, für die wir danach trachten müssen, uns selbst so weit zu bringen, dass wir andere Menschen führen können. Beides sind wunderbare Arten der Liebe, aber keine ist ausreichend. Es gibt noch eine Art der Liebe, die jenseits von reiner Gabe, Intelligenz oder harter Anstrengung liegt, nämlich die dritte Stufe: *Die Vergebende Liebe*.

Jene Personen, die diese Stufe der Liebe erklommen haben, haben im allgemeinen (zumindest einmal) die Erfahrung des Versetzens in einen höheren geistigen und religiösen Zustand erlebt. Denn die *Vergebende Liebe* geht über die Begriffe von Gut und Böse hinaus und ist nur bei solchen Personen zu finden, die sich voll und ganz ihrer Mission widmen. Menschen, die bis hierher gelangt sind, haben bereits erkannt, dass die Bewohner der von

Materialismus geprägten dritten Dimension in spiritueller Hinsicht blind sind und verzweifelt Dinge zu fassen versuchen, von denen sie nichts verstehen. Um zu dieser Erkenntnis zu gelangen, müssen sie aber ihre eigene spirituelle Unzulänglichkeit eingesehen und beseitigt haben, was der Erfahrung eines religiösen Erwachens gleichkommt. Nur Personen, die im eigenen Kummer das Licht entdeckt haben, sind fähig, durch die von den anderen aufgesetzte Maske hindurch das Buddhawesen dieser Menschen zu erkennen und zu lieben. Dazu reicht es nicht, intelligent zu sein, Großherzigkeit und Edelmütigkeit sind die Eigenschaften, die diese Personen auszeichnen.

Sie sehen alle Menschen als Kinder Buddhas, als Teil Gottes an, und erkennen sogar in ihren Feinden deren Buddhawesen (eine Form transzendentaler Weisheit). Das bedeutet, dass die Vergebende Liebe der Bewusstseinsstufe des Bosatsu entspricht, und jene Personen, die diese Art der Liebe praktizieren, in Wahrheit Boten aus der 7. Dimension sind, deren Herzen in der wirklichen Welt, im Reich der Bosatsu, verbleiben.

Man sollte deshalb aber nicht glauben, dass die Vergebende Liebe, also die Liebe des Bosatsu, auch die Aktivitäten des Teufels vergibt und diese dadurch vielleicht noch fördert. Denn der Teufel steht für all das, was der Liebe Gottes zu den Menschen im Weg steht, seine Existenz allein ist bereits die Antithese zur Liebe. Der Bosatsu kämpft gegen den Teufel, indem er als Waffen seinen Glauben und seinen selbstlosen Zorn gegen das Böse einsetzt. Wenn der Teufel soweit kommt, dass er erkennt, dass er gegen Buddha (Gott) niemals gewinnen kann, dann steht schließlich auch für ihn das *Tor der Vergebung* offen. So spielt bei der Vergebenden Liebe also auch das aktive Vergeben eine Rolle.

3.7 Die Personifizierte Liebe und die Liebe Gottes

Eine Stufe höher als die *Vergebende Liebe* liegt das, was ich mit *Personifizierte Liebe* bezeichnen möchte. Es handelt sich hierbei nicht mehr um die Liebe einer Person zu einer anderen oder zu einer Gruppe von Menschen, und es sind auch sämtliche hierarchischen Unterschiede aufgehoben. Es ist eine Liebe, bei der die reine Existenz einer Person – also die Tatsache, dass das Leben dieser Person in irgendeinem Augenblick das unsere kreuzt – dafür verantwortlich ist, dass wir unsere Zweifel zerstreuen und Dinge einsehen, unser Leben ändern, ja sogar ein religiöses Erwachen erleben oder zur Erleuchtung gelangen. Dass eine solche Person zur selben Zeit wie wir lebt, genügt, um Licht in unsere Welt zu bringen und die Menschheit mit Hoffnung zu erfüllen. Es ist nicht Liebe zu einer bestimmten Person, es ist keine Liebe der schönen Worte, und es ist auch nicht Liebe in Form von Freundlichkeit und Großzügigkeit anderen gegenüber. Es ist Liebe, die in der Existenz als solche besteht, im bloßen Dasein einer Person, durch die die Welt verändert werden kann. Menschen, die zu dieser Personifizierten Liebe fähig sind, sind die Liebe selbst. Sie haben die ganze Geschichte der Menschheit hindurch diese immer wieder in ihrem Licht erstrahlen lassen.

Wenn zur Vergebenden Liebe moralisch hochstehende und religiöse Menschen fähig sind, dann ist die Personifizierte Liebe die Liebe einer in der Geschichte der Menschheit hervorstechenden Persönlichkeit; sie ist das Licht unserer Welt, der Geist ihrer Zeit.

Personifizierte Liebe ist also nicht die Liebe einer Person für eine andere, sondern die Liebe einer Person für viele, wenn nicht für alle, eine Liebe, die in alle Richtungen ausstrahlt. Sie ist, mit anderen Worten, eine Form des Lichts.

Eine solche Beschreibung lässt vielleicht schon erahnen, welcher Bewusstseinsstufe diese Form der Liebe zugeordnet wird, nämlich der der Nyorai in der 8. Dimension. Eine Person, die zu dieser Liebe fähig ist, ist niemand anders als ein auf der Erde wiedergeborener Nyorai, der allein durch diese Tat der Menschheit unbeschreibliche Barmherzigkeit entgegenbringt. Die Barmherzigkeit ist das Licht der Liebe, das die Welt erleuchtet, eine Liebe, die keine Unterschiede kennt zwischen den Menschen und keine unterschiedlichen Schatten wirft, je nachdem auf wen sie trifft. Barmherzigkeit ist *Absolute Liebe*, eine Liebe, die alle gleichermaßen betrifft.

Die höchste Form der Liebe, die der Menschheit zugänglich ist, ist die der 9. Dimension. Man könnte sie bezeichnen als die *Liebe der Menschwerdung Gottes* oder die *Liebe des Erlösers*. Ich empfehle niemandem, diese Form der Liebe als Ziel von spirituellen Übungen anzustreben, denn diese Liebe hat Gott (Buddha) einzig für jene geschaffen, die er als seine höchsten Repräsentanten auserwählt hat. Predigen religiöse Führer, wie sie es gerne tun, von der *Liebe des Erlösers*, ohne dass ihnen die Wahrheit Buddhas geläufig ist, wird sie nach ihrem Tod nicht ein Paradies in der 9. Dimension, sondern die tiefste Hölle der 4. Dimension erwarten. Denn eine falsche Lehre im Namen Gottes (Buddhas) zu verbreiten, ist in der wirklichen Welt ein noch größeres Verbrechen als Mord und Raub, weshalb nicht nur der Mensch in diesem Leben dafür bestraft wird, sondern auch seine Seele in der Ewigkeit.

Wir sollten uns daher damit begnügen, die Stufe über der *Personifizierten Liebe* als die *Liebe Gottes* (oder *die große Barmherzigkeit Buddhas*) anzusehen, die uns in unserem Leben leitet und uns Hoffnung auf Weiterentwicklung und Vervollkommnung gibt.

Am anderen Ende der Dimensionsskala liegt jedoch noch eine Form der Liebe, die wir bis jetzt nicht besprochen haben. Es ist dies die *Instinktive Liebe* der 4. Dimension, die je nachdem, wie sie angewandt wird, für die Kommunikation mit der Hölle oder mit dem Astralreich dient. Aber auch das ist keine Form der Liebe, die man anstreben sollte.

Um die einzelnen Stufen der Liebe noch einmal zusammenzufassen:

Instinktive Liebe	*4. Dimension*
Elementare Liebe	*5. Dimension*
Inspirierende Liebe	*6. Dimension*

Vergebende Liebe	7. Dimension
Personifizierte Liebe	8. Dimension
Liebe Gottes	9. Dimension

Das Verständnis dieser einzelnen Stufen der Liebe ist für uns deshalb unerlässlich, weil die Liebe letztendlich das Ziel all unserer spirituellen Übungen darstellt.

3.8 Die Liebe und der edle Achtfache Pfad

In Kapitel 2 habe ich den edlen Achtfachen Pfad vorgestellt, in diesem Kapitel die verschiedenen Entwicklungsstufen der Liebe. In der Folge möchte ich nun auf die Beziehung zwischen diesen beiden etwas näher eingehen.

Der edle Achtfache Pfad zeigt acht Wege auf, durch die der Mensch dazu angeregt wird, ein „rechtes" Leben zu führen und tagtäglich Stoff zur Kontemplation erhält, um zu seinem Ziel, der Erleuchtung, zu gelangen. Bei den Entwicklungsstufen der Liebe habe ich vier Arten der Liebe genannt, die als Ziel der spirituellen Übungen angestrebt werden sollten: *Elementare Liebe, Inspirierende Liebe, Vergebende Liebe und Personifizierte Liebe.*

Vergleicht man die beiden, so erkennt man, dass sich der Achtfache Pfad eher auf die tägliche Übung und die tägliche Kontemplation konzentriert, wohingegen die Entwicklungsstufen der Liebe – auch wenn ihre Ursprünge im täglichen Leben zu finden sind – auf mittel- und langfristige Ziele hin ausgerichtet sind. Betrachten wir sie allerdings einfach als Wege zur Erleuchtung, lassen sich die folgenden Beziehungen aufstellen:

Rechte Einsicht und rechte Rede	führen zur	Elementaren Liebe.
Rechtes Tun und rechtes Leben	führen zur	Inspirierenden Liebe.
Rechte Gesinnung und rechte Anstrengung	führen zur	Vergebenden Liebe
Rechte Achtsamkeit und rechte Sammlung	führen zur	Personifizierten Liebe.

Ich möchte im folgenden erklären, was ich damit meine.

Was haben rechte Einsicht und rechte Rede beispielsweise mit der Elementaren Liebe zu tun?

Elementare Liebe ist die Liebe zu einer Person, für die man ein bestimmtes Interesse hegt. Um ihr das entsprechende Wohlwollen entgegenbringen zu können, müssen wir sie zunächst im richtigen Licht *sehen*, im Licht des wahren Glaubens. Wir müssen zwischen Gut und Böse unterscheiden können und erkennen, was das Objekt unserer Liebe wünscht und worunter es leidet, ohne uns selbst von Vorurteilen in eine falsche Richtung führen zu lassen. Sobald wir uns sicher sind, dieser Person gegenüber auf diese Art und Weise die rechte Einsicht gefunden zu haben, müssen wir ihr mit *Rechter Rede* entgegentreten: Wir müssen ihr mit Rat beiseite stehen, ohne ihre Gefühle mit unseren Worten zu verletzen. Wir sollten Worte wählen, die ihr Herz erwärmen und sie aufrichten, wenn es ihr schlecht geht.

Wie führen nun aber rechtes Tun und rechtes Leben zur Inspirierenden Liebe?

Rechtes Tun bedeutet, das Unrechte zu unterlassen. Zur Zeit des Buddha Shakyamuni war damit gemeint, die religiösen Gebote zu befolgen und den Körper von jeder Sünde fernzuhalten: Es war nicht erlaubt, Lebewesen zu töten (natürlich auch keine Menschen), Diebstahl zu begehen oder mit einer anderen Person als dem eigenen Ehepartner ein sexuelles Verhältnis einzugehen. In unsere Zeit übertragen könnte es folgendes bedeuten: Abwendung von Gewalt, Diebstahl, Untreue, und Hinwendung zu einem ethisch hochstehenden Leben als Mitglied der Gesellschaft sowie Anerkennung der Rechte anderer Menschen und Respekt vor den unterschiedlichen Wesensarten und Charakteren. Wir sollten auch versuchen, anderen Menschen ein Vorbild zu sein, indem wir uns in unserer Funktion als Mitglieder der Gesellschaft ständig selbst verbessern.

Rechtes Leben bedeutet, dass wir ein ehrliches und sauberes Leben führen sollen. Tätigkeiten, die mit der Wahrheit Buddhas nicht zu vereinbaren sind und uns in den moralischen Abgrund führen (wie zum Beispiel Verbrechertum, Sexindustrie und sinnloses Töten) sind abzulehnen, genauso wie übermäßiger Alkoholkonsum, Glücksspiele, Pferdewetten oder die Gesundheit schädigende Dinge wie Rauchen oder Drogen. Ebenso sollten wir uns von hohen Schulden fernhalten, denn auch das kann nicht als rechtes Leben angesehen werden.

Wir sollten uns auch immer vor Augen halten, dass wir nur auf uns gestellt nicht existieren können. Unser ganzes Leben hindurch sind wir auf die Hilfe anderer angewiesen und müssen danach trachten, in Harmonie mit anderen zusammen zu leben. Rechtes Leben, das heißt, ein Leben des wahren Glaubens, hilft uns, in Einheit mit anderen zu leben und schafft eine solide Basis, auf der die Inspirierende Liebe aufbauen kann, eine Umgebung, die geeignet ist, andere zu leiten und zu führen. Je mehr Menschen sich nach den Grundsätzen des rechten Lebens halten und dadurch ein von Idylle geprägtes Alltagsleben im Kreis ihrer Familien führen, desto näher wird die Erde dem Himmel rücken. In dieser Weise stehen also rechtes Tun und rechtes Leben auf der selben Stufe wie die Inspirierende Liebe.

Die dritte Theorie, die ich aufgestellt habe, war die, dass rechte Gesinnung und rechte Anstrengung in Beziehung stehen mit der Vergebenden Liebe.

Rechte Gesinnung bedeutet recht zu denken und sich nicht von den drei Grundübeln (Habgier, Wut und Verblendung) oder den Sechs Irdischen Leidenschaften (den drei Grundübeln sowie Stolz, Zweifel und falsche Ansichten) verleiten zu lassen. Es bedeutet, unsere zwischenmenschlichen Beziehungen aufrichtig zu prüfen und sie, wenn notwendig, zu korrigieren[7].

[7]   Die drei Grundübel und die sechs irdischen Leidenschaften:

Wir sollten auch nicht den Fehler machen, die Menschen ihrer äußeren Erscheinung nach zu beurteilen. Stellen wir sie uns lieber als Bewohner der wirklichen Welt vor und denken aufbauend darauf darüber nach, wie wir mit ihnen in Beziehung treten sollen. Denken wir zurück: Könnte es sein, dass die Menschen um uns herum gar nicht immer so sind, wie wir sie uns vorgestellt haben? Stellen wir sie uns nun als Kinder Buddhas vor, genauso, wie wir selbst es sind. Wir werden ihre wahre Gestalt erkennen, werden erkennen, dass hinter allen Menschen stecken, die nach perfekter Harmonie streben, zu der wir einander gegenseitig führen sollten. Mit der rechten Gesinnung werden unsere Herzen voll von Toleranz sein, und wir werden allen mit Wohlwollen entgegentreten können, so als ob wir die ganze Welt umarmen wollten. Mit der rechten Gesinnung erreichen wir in unseren Herzen also ganz von selbst die Stufe der Vergebenden Liebe.

In ähnlicher Weise können wir die rechte Anstrengung sehen: Auf dem richtigen Weg zielbewusst nach der Wahrheit Buddhas zu streben und dabei Versuchungen zu widersagen, um unser

---

Die drei negativen Geisteshaltungen, die das Buddhawesen der Menschen beflecken und als die drei Grundübel bezeichnet werden, sind *Habgier, Wut und Verblendung.* Zusammen mit Stolz, Zweifel und falschen Ansichten bilden sie die sechs irdischen Leidenschaften, die im Buddhismus als große negative Kräfte angesehen werden, welche die Menschen von der rechten Gesinnung abbringen und auf den Weg zur Hölle leiten. Oft ist im Buddhismus auch von 108 irdischen Leidenschaften die Rede; daran erkennt man das Ausmaß des Bösen, mit dem wir konfrontiert sind. All dem steht aber die Kraft gegenüber, die von der rechten Gesinnung ausgeht. Ihre Größe kennt keine Grenzen.

Herz mit Güte und Wohlwollen zu füllen, bedeutet, dass wir jeden Tag näher heranrücken an den Zustand tiefer Erleuchtung. Auf diesem Weg zum höchsten Bewusstsein, das wir Buddha nennen, können wir, wenn wir uns anstrengen, unsere Tugenden verdoppeln. Es gibt hier weder Ärger noch Groll, Unzufriedenheit oder Neid – nur perfekte Harmonie, die sich auf der Welt ausweitet, wenn wir die rechte Gesinnung an den Tag legen. Wenn wir unerschütterlich auf unser Ziel zustreben, werden unsere Herzen so stark werden, dass sie selbst Sünder auf den richtigen Weg zurückführen können. Je mehr wir uns also auf die rechte Anstrengung konzentrieren, umso tiefer wird unsere religiöse Einsicht und umso mehr entfaltet sich vor uns das weite Reich der Vergebenden Liebe.

Zum Schluss möchte ich mich noch mit der Frage beschäftigen, wie rechte Achtsamkeit und rechte Sammlung zur *Personifizierten Liebe* führen können.

Rechte Achtsamkeit bedeutet, sich darauf zu konzentrieren, ein Leben in Einklang mit der Wahrheit Buddhas zu führen. Damit ist verbunden, sein Leben in Ruhe vorauszuplanen und für Selbstverwirklichung zu beten. Was ist aber unter dieser „Selbstverwirklichung" zu verstehen? Es ist der Idealzustand für ein Kind Buddhas, das Einswerden mit Buddha in der Form eines Nyorai. Es ist die höchste Bewusstseinsform, die ein Mensch je erreichen kann, und wenn sie jemand erreicht hat, wird dieser Mensch bereits um seiner Existenz willen verehrt, seine Existenz allein bringt Licht auf die Welt. Das ist rechte Achtsamkeit in ihrer Vollendung – das höchste Ziel, zu dem religiöse Menschen jemals gelangen können.

Auch rechte Sammlung hat mit dieser höchsten Bewusstseinsform zu tun, die religiöse Menschen auf ihrer Suche nach der Wahrheit Buddhas erreichen können. Schon seit alters her versuchen Männer und Frauen durch die verschiedensten Arten der Meditation zur Erleuchtung zu kommen und in Kontakt mit den Geistwesen der höheren Dimensionen zu treten. Rechte Sammlung beginnt mit der täglichen Selbstbeobachtung und Reflexion, im Zuge derer eine Kommunikation mit dem eigenen Schutzgeist eintreten kann. Es folgt das Stadium der Kommunikation mit den Führungsgeistern, welche den Willen des Himmels ausführen, bis am Ende der langen Kette die Kommunikation mit den Führungsgeistern des Lichts in der 8. Dimension, dem Reich der Nyorai, steht.

Ichinen Sanzen – Ein Gedanke führt zu 3000 Welten. Wem es gelingt, die Stufe der Erleuchtung der Nyorai zu erklimmen, für den wird es möglich, durch rechte Sammlung mit den großen Führungsgeistern des Reichs der Nyorai in Kontakt zu treten. Jeder, der bis hierher gelangt ist, erhält direkt oder indirekt Instruktionen von den großen Führungsgeistern des Lichts der höheren Dimensionen, zumindest in Form einer Inspiration, die es ihm ermöglicht, die ihm vorbestimmte Aufgabe zu erfüllen.

Um bis zur Stufe der Personifizierten Liebe zu kommen, ist also zunächst die rechte Sammlung, das Eintreten in den Zustand der richtigen Meditation, notwendig, gefolgt von der Ablösung von den Fesseln dieser Welt bis hin zur richtigen spirituellen Konzentration.

Ich möchte einige Gedanken aus diesem Kapitel hier noch einmal herausgreifen: Der edle Achtfache Pfad kann meiner Meinung nach in vier Stadien eingeteilt werden, die in dieser Reihenfolge zu einer erfolgreichen spirituellen Vervollkommnung führen:

rechte Einsicht und rechte Rede

rechtes Tun und rechtes Leben

rechte Gesinnung und rechte Anstrengung

rechte Achtsamkeit und rechte Sammlung.

Ein Studium der Begriffe in diesen Zweierpaaren erleichtert die Selbstbeobachtung und Reflexion. Die Reihenfolge ist zwar anders gewählt als sie uns von Buddha Shakyamuni überliefert wurde, aber ich glaube, sie ist ein wertvolles Werkzeug für jene, die mit ihren spirituellen Studien erst beginnen.[8]

Eine Alternative, um zur spirituellen Vervollkommnung zu gelangen, ist das Hinaufarbeiten von einer Stufe der Liebe bis zur nächsten. Sobald man die *Elementare Liebe* beherrscht, geht man zum Studium der *Inspirierenden Liebe* über, danach zur *Ver-*

---

[8] All jenen, denen das Erlangen der Erleuchtung ein ernsthaftes Anliegen ist und die Happy Science bereits beigetreten sind, empfehle ich die Übung der „*Worte der Erlösung – Buddhas Lehre: Der Achtfache Pfad*" in *Das Dharma der rechten Gesinnung*.

gebenden Liebe, und schlussendlich sollte unser großes Ziel die *Personifizierte Liebe* sein.

Halten wir uns dabei aber immer folgendes vor Augen: Rechtes Tun und rechtes Leben, rechte Gesinnung und rechte Anstrengung sowie rechte Achtsamkeit und rechte Sammlung können nicht existieren, wenn wir nicht bei der rechten Einsicht und der rechten Rede beginnen. Ebenso gibt es keine *Inspirierende Liebe*, *Vergebende Liebe* und *Personifizierte Liebe,* wenn nicht am Anfang die *Elementare Liebe steht*. In beiden Fällen ist also der erste Schritt von wesentlicher Bedeutung.

3.9 Die Liebe der Engel

Wir wollen nun unsere Aufmerksamkeit nicht länger auf die Menschen konzentrieren, welche Liebe erhalten und sie dann selbst weitergeben, sondern uns damit beschäftigen, wo die Liebe herkommt: Von den Engeln, die die Geistwelt der höheren Dimensionen bewohnen.

Wenn wir von Engeln sprechen, dann sind damit im allgemeinen die Bewohner des Reiches des Lichts in der 6. Dimension sowie die Bewohner der darüber stehenden Dimensionen gemeint. Sie umfassen daher zunächst die Geistwesen aus den höheren Stufen der 6. Dimension, welchen eine bestimmte Mission zugeteilt ist, weiters die Bosatsu der 7. Dimension, die Nyorai der 8. Dimension und die großen Nyorai oder Guru der 9. Dimension, die auch als die großen Führungsgeister des Lichts bekannt sind.

Alle diese Geistwesen lassen der Welt ihre Liebe zuteil werden, wobei sich diese aber in verschiedenen Formen manifestiert.
Die Liebe der Arakan (Engel des Lichts) der 6. Dimension zum
Beispiel findet ihren Ausdruck in drei verschiedenen Formen: in
der Liebe derjenigen, die die Menschen auf der Erde leiten und
beschützen, in der Liebe derjenigen, die die Seelen in der Hölle
erretten und in der Liebe derjenigen, die sich um die Ausbildung
der Bewohner des Reichs der Guten in der 5. Dimension kümmern.

Die Liebe der Bosatsu des Lichts (Engel) der 7. Dimension
kennt vier verschiedene Ausdrucksformen. Zunächst gibt es da
einmal die Liebe jener, die auf der Erde als religiöse oder soziale
Führungspersönlichkeiten wiedergeboren werden, um die Menschen zu leiten. Dann gibt es die Liebe jener, die sich den großen
Führungsgeistern der Nyorai als Helfer anbieten. Die dritte Ausdrucksform ist die Lieber jener, die als Führer die Seelen in der
Hölle retten. Und als viertes gibt es noch die Liebe jener, die die
wirkliche Welt mit dem Licht Buddhas versorgen. Denn die Reiche der 6. Dimension und darunter erhalten das Licht Buddhas
durch die Vermittlung der Bosatsu.

Die Liebe der Nyorai des Lichts (große Engel) der 8. Dimension äußert sich in fünf verschiedenen Formen. Die erste ist die
Liebe jener, die alle paar hundert Jahre auf die Erde kommen, um
der Welt eine neue Lehre zu bringen, entweder indem sie eine
neue Religion verkünden oder eine bestehende revolutionieren.
Die zweite ist die Liebe jener Nyorai, welche die Bosatsu leiten:

jedem Nyorai sind einige Dutzend Bosatsu anvertraut, und jeder Bosatsu hat daher einen Nyorai als Lehrer. Die dritte Liebe ist die Liebe der großen Kommandanten, die die Aufgabe übernommen haben, gegen den Teufel zu kämpfen und ihn zu bekehren. Die vierte Form der Liebe betrifft jene, die dazu erwählt wurden, aus dem Prisma von Buddhas Licht einen Strahl (z.B. das Licht der Liebe) zu ergreifen und ihn auf die Welt zu lenken. Die fünfte Form ist die kreative Liebe jener Geistwesen, die mit der Bildung neuer Zivilisationen betraut werden.

Die Liebe der großen Nyorai des Lichts, der großen Führungsgeister des Lichts der 9. Dimension, umfasst alles bisher Genannte; dennoch drückt sich auch diese Liebe auf sechs verschiedene Arten aus. Die erste ist die Liebe des Erlösers, der im Abstand von einigen tausend Jahren auf der Erde erscheint, um eine Weltreligion zu gründen und die Erde spirituell zu reinigen. Die zweite ist die Liebe des Lehrers, der den Erlöser aus der wirklichen Welt während dessen Aufenthalt auf der Erde führt. Die dritte ist die Liebe jenes großen Geistwesens, das für die Evolution der Menschheit verantwortlich ist und diese überwacht. Die vierte ist die Liebe, welche in den sieben Farben von Buddhas Licht enthalten ist, also die Liebe desjenigen, der die Wesen der 8. Dimension und darunter mit ihrem individuellen Licht ausstattet. Die fünfte ist die Liebe jenes großen Geistwesens, das in der wirklichen Welt für Ruhe und Ordnung zu sorgen hat, eine Liebe, die also die Gedanken und spirituellen Fortschritte der Menschen misst. Und die sechste Ausdrucksform schließlich ist die Liebe jenes großen Geistwesens, das innerhalb des Planes zum Aufbau des Universums für die Planung der Erde verantwortlich ist.

3.10 Der Fluss der Liebe

Wir haben uns in diesem Kapitel mit allen möglichen Aspekten der Liebe beschäftigt, mit der Liebe von Menschen ebenso wie mit der Liebe der Engel. Gerade aber wegen ihrer vielen Aspekte stellt sich die Frage: Was ist diese Liebe überhaupt, die nicht nur in der dritten Dimension, sondern auch in allen anderen, von der vierten aufwärts, zu finden ist? Wir könnten sie beschreiben als einen reißenden Strom, als das aufwallende Wasser des Lebens, als einen breiten Fluss, der sich seinen Weg – im spirituellen Sinn – bahnt von der 9. Dimension bis hinunter zur dritten. Dabei werden unermessliche Energien frei, und es ist ein überwältigender Anblick, diese Wassermassen von der neunten zur achten, von dort weiter zur sechsten, fünften, vierten bis schließlich hin zur dritten Dimension zu verfolgen.

Liebe ist wie ein breiter Fluss; ein Fluss, der von seiner Quelle bis zur Mündung unaufhaltsam fließt, ohne seine Geschwindigkeit zu verlangsamen; die Kraft des Lebens, die sich von keinem Hindernis aufhalten lässt, das ihr in den Weg kommt. Liebe kennt keine Feinde. Wenn wir den majestätischen Fluss der Liebe vor uns sehen, dann wird uns klar, dass niemand und nichts die Kraft hat, als Feind etwas gegen die Liebe auszurichten. Die Hölle? Ist die Hölle so stark, dass sie gegen den Himmel, gegen Gott (Buddha) eine Chance hätte? Ist die spirituelle Welt eine große Einheit, die in die zwei Teile Himmel und Hölle geteilt ist? Wer das glaubt, den muss ich enttäuschen. Er könnte nicht noch falscher liegen. Der große Fluss der Liebe hat seinen Ursprung bei Gott (Buddha), breitet sich mit ungeheurer Kraft aus und überflutet alles, was in seinem Weg liegt. Die Hölle liegt in der vierten Dimension, nicht weit von der Mündung des Flusses ins Meer entfernt; wenn das Salzwasser von Materialismus, Lust, Verwirrung und Übel auch versucht, das Wasser des Flusses zu verschmutzen, so kann es dieses doch niemals aufhalten und wird letztendlich von seiner großen Kraft mitgerissen.

Liebe ist Licht. So wie die Dunkelheit niemals über das Licht triumphieren kann, so kann auch das Böse niemals gegen die Liebe gewinnen. Die Hölle kann den Fluss der Liebe nicht stoppen; die Hölle hat nicht genügend Kraft, um sich dem Himmel entgegenzustellen. Sie ist nicht mehr als ein Krebsgeschwür in einer Ecke der von Gott (Buddha) geschaffenen Welt; sie ist nicht mehr als ein paar Tropfen Salzwasser, die auf irgendeine Weise Eingang in das klare Wasser des Flusses gefunden haben.

Man hat lange Zeit geglaubt, dass Himmel und Hölle etwa die gleiche Größe aufweisen und dass die Engel in ständigem Konflikt mit dem Teufel leben. In Wahrheit verhält es sich jedoch ganz anders. Der Himmel (das himmlische Königreich) erstreckt sich von der vierten Dimension der Welt der Geistwesen bis hinauf in die höchsten Sphären. Die Hölle hingegen ist auf eine dunkle Nische in der vierten Dimension beschränkt, in die kein Licht dringen kann. Für unsere Begriffe ist auch die Hölle groß, mit einem Fassungsvermögen von einigen Milliarden Menschen. Aber so wie auch Eis nicht lange in der Sonne bestehen kann, so wird auch die Hölle nicht bestehen. Wir neigen dazu, den Einfluss der Hölle überzubewerten, aus dem einfachen Grund, weil sich die Hölle auf einer Bewusstseinsebene befindet, die unserer Erde sehr nahe ist und das, was in einer dieser beiden Bewusstseinsebenen passiert, einen Einfluss auf die jeweils andere haben kann.

Woraus besteht die Hölle? Sie besteht aus dunkler Energie (begrifflicher Energie), die sich in unserer Welt als Neid, Eifersucht, Wut, Nörgelei, Gier, Unzufriedenheit, Rachgelüste, Pessimismus, Nihilismus, Unentschlossenheit, Feigheit, Faulheit, Selbsthass, Hass auf andere, Lust, Arroganz, Egoismus, Verleumdungen, Betrug, Aggression, Protzerei, Materialismus, Atheismus, Isolation, Tyrannei, Wunsch nach weltlicher Macht und Verführung manifestiert.

Diese Energieformen haben keine Gestalt, da es sich nur um negative Energie handelt, das heißt um einen Mangel oder das Gegenstück der entsprechenden positiven Energieformen, welche sehr wohl eine bestimmte Gestalt oder ein bestimmtes Wesen aufweisen. Insbesondere Hass, Eifersucht, Wut, Nörgelei und Unzufriedenheit sind leicht zu identifizieren als ein Mangel an Liebe. Sie treten immer dort auf, wo es keine Liebe gibt.

Wir gelangen also zu dem Schluss, dass die Wesen in der Hölle nicht die Kraft haben, sich dem Licht des Himmels entgegenzustellen, und dass sie im Prinzip nichts anderes sind als „Wesen ohne Liebe" oder „Wesen, die nach Liebe dürsten".

Denn im Grunde ihres Herzens wollen auch böse Geister geliebt und gut behandelt werden. Sie dürsten nach Liebe, nach immer mehr Liebe und noch mehr Liebe. Arme Kreaturen, die gerettet werden müssen, denn sie leiden an einer Mangelkrankheit dem Mangel an Liebe.

Wir wissen bereits, dass die Grundlage der Liebe im Geben besteht; die Bewohner der Hölle aber kennen nur Gelüste und Wünsche, immer streben sie danach, etwas zu bekommen. Sie waren in ihrem früheren Leben Menschen, die die wahre Bedeutung der Liebe nicht gekannt haben, die nur jene „Liebe" kannten, die nahm anstatt zu geben, und deshalb müssen sie nun in der Hölle leiden. Aber wir könnten uns der Hölle entledigen. Es ist noch nicht zu spät dafür. Wie? Wir müssten uns nur alle des wahren Merkmals der Liebe bewusst sein: des Gebens. *Liebe, welche Gibt*, beginnt bei der Danksagung. Wir müssen Buddha (Gott) den ihm gebührenden Dank dafür geben, dass er uns mit allem, was wir brauchen, versorgt hat. Dann werden wir auch erkennen, was wir in dieser Welt, die Buddha geschaffen hat, als Geste der Dankbarkeit tun könnten.

Dies ist der erste Schritt auf dem Weg, anderen Liebe zu geben, und hier sollten wir beginnen.

Das Gesetz der Sonne

· IV ·

ERLEUCHTUNG AUF HÖCHSTER STUFE

4.1 Was ist Erleuchtung?

Erleuchtung bedeutet, unser wahres Selbst zu kennen, über den Lauf und das Funktionieren der Welt Bescheid zu wissen und die Ziele und Aufgaben des Lebens zu verstehen. Im allgemeinen wird sie mit der Religion in Verbindung gebracht, aber auch in der Philosophie lässt sich ein starkes Verlangen nach diesem Wissen erkennen. Denn schließlich ist das Erkennen der Wahrheit und das Erreichen eines intellektuellen Verständnisses der Geheimnisse und Zusammenhänge dieser Welt ja das erklärte Ziel der Philosophie.

Ob der Konfuzianismus als Religion angesehen wird oder nicht, bleibt dahingestellt. Es besteht allerdings kein Zweifel daran, dass er zum Ziel hat, die Menschheit durch moralische Vollendung zur Perfektion zu bringen. Konfuzius führte also die Menschen durch die Lehre der Moral zur Erleuchtung. Schon seit alters her streben die Menschen nach Erleuchtung, auch wenn sie nicht genau wissen, worum es sich dabei eigentlich handelt. Es wohnt uns einfach das Bedürfnis inne, uns in spiritueller Hinsicht weiterzuentwickeln.

In diesem Kapitel möchte ich mich vor allem mit der Erleuchtung vom Blickwinkel der Religion aus beschäftigen. Natürlich schließt ein solcher Ansatz auch den Wunsch der Philosophen, die Wahrheit zu erlangen, oder das konfuzianische Streben nach moralischer Perfektion nicht aus der wesentliche Unterschied ist jedoch der, dass die religiöse Erleuchtung in enger Beziehung zur höchsten Bewusstseinsstufe steht, die uns als *Buddha* geläufig ist.

Mit anderen Worten: Erleuchtung besteht darin, den Prinzipien der von Buddha geschaffenen Welt auf den Grund zu gehen und nach jenem höheren Bewusstsein zu streben, das Buddhisten als *Buddhaschaft* bezeichnen.

In diesem Sinn werden wir niemals den Zustand vollkommener Erleuchtung erleben, auch wenn wir unser ganzes Leben lang auf der Suche danach sind. Denn unabhängig davon, wie sehr wir uns bemühen, es ist einfach unmöglich, alles über die wirkliche Welt in Erfahrung zu bringen. Ebenso werden wir uns Buddha niemals ganz nähern können, wenn wir nicht Ewigkeiten damit zubringen, es zu versuchen.

Auf der anderen Seite sollte man aber erwähnen, dass es auch im Bereich der Erleuchtung eine Anzahl verschiedener Stadien und Abstufungen gibt, so dass jeder entsprechend der Bewusstseinsebene, auf der er steht, eine bestimmte Stufe der Erleuchtung erreichen kann – und es ist auch möglich, noch während unseres Erdenlebens zur höchsten für uns Menschen in Frage kommenden Stufe der Erleuchtung zu gelangen. Ich möchte nun im folgenden diese einzelnen Stufen der Erleuchtung besprechen.

Von allen religiösen Führern in der Geschichte der Menschheit hat sich einer am meisten mit der Frage der Erleuchtung beschäftigt: Es handelt sich dabei um Gautama Siddharta, der Buddha Shakyamuni, der vor über 2.500 Jahren in Indien gelebt hat und den meisten Menschen nur als „Buddha" bekannt ist. In vielen Büchern werden die Stadien seiner spirituellen Entwicklung von jenem Moment an beschrieben, als er, in Meditation unter einem Bodhi-Baum (dem „Baum der Erleuchtung", der *Ficus Religiosa*) versunken, zur Erleuchtung gelangte, bis hin zu jenem Moment, als er im Alter von 80 Jahren unter den Sala-Bäumen außerhalb der Burg von Kusinagara ins Nirwana einging. Leider enthalten die meisten dieser Bücher nur Teile seiner Botschaft und können uns nicht den vollen Umfang seiner Erleuchtung offenbaren.

Die Welt unseres Geistes ist nicht einfach zu verstehen. Zehn Jahre sind vergangen, seit sich für mich das Tor zu meinem Innersten geöffnet hat und ich zum ersten Mal mit meinem Unterbewusstsein in Kontakt getreten bin. Während dieser zehn Jahre habe ich die Möglichkeit erhalten, die Leben der spirituellen Lehrmeister der Vergangenheit noch einmal zu leben und ihre Gedanken und Taten nachzuvollziehen. Ich weiss genau, welche Erfahrungen Buddha Shakyamuni unter dem Bodhi-Baum machte, und obwohl sich das alles vor mehr als 2.500 Jahren zutrug, habe ich das Gefühl, als geschehe es gerade in diesem Augenblick.

In diesem Kapitel möchte ich mich auf die Erleuchtung des Buddha Shakyamuni konzentrieren und gleichzeitig versuchen, auf die Bedeutung der Erleuchtung in der heutigen Welt Bezug zu nehmen. Hier habe ich alles darüber niedergeschrieben, was ich über die Erleuchtung und den Weg dahin weiß – ein Bericht für die Nachwelt, ein Geschenk, ein Erbe der Vergangenheit und eine Quelle der Hoffnung für die Zukunft.

4.2 Erleuchtung – Wofür?

Wofür sollen wir überhaupt nach Erleuchtung streben? Und angenommen, wir hätten die Erleuchtung erlangt, was haben wir davon? Um Antworten auf diese Fragen zu finden, müssen wir uns zunächst mit dem Sinn und der Aufgabe des Menschseins beschäftigen.

Beginnen wir mit folgender Frage: Warum sind wir als Menschen in diese Welt geboren worden? Warum wurde uns ein Körper aus Fleisch und Blut gegeben?

Bevor wir als Menschen auf diese Welt gekommen sind, haben wir als Geistwesen im Himmel ein Leben in vollkommener Freiheit gelebt. Im Himmel muss man keine Nahrung zu sich nehmen, um am Leben zu bleiben, es gibt keinen Tod. Es besteht keine Notwendigkeit zu arbeiten, um Geld zu verdienen, und man braucht sich nicht fürchten, auf die Straße geworfen zu werden. Wir müssen keine neun Monate leidend im Mutterleib verbringen oder als Baby vor Verwirrung und Desorientierung weinen. Es gibt keine sexuelle Verwirrung, wie sie die Pubertät mit sich bringt, und auch keinen Generationskonflikt zwischen Eltern und Kindern. Finanzielle Schwierigkeiten gibt es im Himmel nicht, und niemand wird gezwungen, für einen anderen zu arbeiten. Es besteht keinerlei Verpflichtung, mit Menschen zusammen zu sein, die man nicht mag, und man kommt niemals in die Situation, von einem geliebten Menschen Abschied nehmen zu müssen. Es gibt keinen Alterungsprozess und keine Krankheit. Man muss nicht zusehen, wie man langsam älter wird und von seinen Kindern oder Enkeln im Stich gelassen wird, man ist nicht mit der Trauer konfrontiert, die mit dem Tod des Ehepartners einhergeht, man hat keine Angst vor dem eigenen Tod. Das Reich des Himmels ist ein Ort, wo es weder Furcht noch Schmerz gibt.

Die Herzen der Geistwesen im Himmel sind durchsichtig, so wie Glas, und jeder kann in sie hineinblicken. Da es keine Geheimnisse gibt, gibt es auch keine Zwietracht, und jeder, den wir treffen, ist ein echter Freund. Die Menschen dort leben in Liebe und Harmonie zusammen.

In der Gestalt von Geistwesen können die Menschen selbst entscheiden, als wie alt sie vor den anderen erscheinen wollen, und immer, wenn sie etwas haben wollen, müssen sie es sich nur stark genug wünschen, und es wird vor ihren Augen erscheinen.

Und alle Menschen befassen sich — auf ihren jeweiligen Entwicklungsstufen — intensiv mit Übungen, um der Wahrheit Buddhas einen Schritt näher zu rücken. Die Geistwesen in der Hölle allerdings werden im allgemeinen nicht auf der Erde wiedergeboren. Denn ihre Herzen sind voll von Krieg und Zerstörung, und deshalb ist es ihnen verboten, menschliche Gestalt anzunehmen.

Welche Voraussetzungen sind nun notwendig, um auf der Erde als Mensch geboren zu werden?

Zunächst müssen wir zumindest die Stufe des Astralreichs in der vierten Dimension erreicht haben. Wir müssen so weit zur Erleuchtung gelangt sein, dass wir uns der Tatsache bewusst sind, dass wir als Bewohner des Himmels Geistwesen und Kinder Buddhas sind. Um wiedergeboren zu werden, müssen wir über unsere Fehler und Sünden reflektieren.

Die Bewohner des Himmels werden also durch ihre Geburt auf der Erde auf eine Art Probe gestellt.

Für Geistwesen jedoch, die viele Jahre in der Hölle verbracht haben und es durch Jahre des Bereuens geschafft haben, von dort zu entfliehen, stellt die Wiedergeburt als Mensch auf der Erde die Chance für einen Neubeginn dar.

Die Welt, in der wir leben, ist somit so etwas wie ein Trainingsboden: Für jene Geistwesen, die sich im Reich des Himmels frei bewegen können, bedeutet die Wiedergeburt, dass ihre Spiritualität und ihr Buddhawesen auf eine harte Probe gestellt werden. Die dreidimensionale Erde ist ein guter Ort, um festzustellen, ob das spirituelle Erwachen auf einer ernsten Basis beruht oder nicht. Denn es ist einfach, als freies Geistwesen an Buddha zu glauben

— aber wie viele der Regeln der vierten Dimension und darüber werden auch befolgt, wenn wir uns plötzlich in der materialistischen dritten Dimension mit ihren eigenen Regeln wiederfinden? Spüren wir dann die Kraft Buddhas? Bemerken wir etwas von der Kraft und Macht Buddhas in dieser Welt? Die Geistwesen werden individuell und eingehend getestet, und nur dann, wenn sie diese Prüfung bestehen, ist es ihnen möglich, in eine höhere Dimension aufzusteigen als die, von der sie gekommen sind.

Jene Geistwesen in der Hölle, die nach langer Zeit des Bereuens und der Reflexion endlich die erste Stufe der Erleuchtung erreicht haben und sich als Kinder Buddhas fühlen, werden auf der Erde wiedergeboren, damit sie sich dort als gute Menschen erweisen können. Leider kommt es jedoch viel zu oft vor, dass sie von den Einflüssen der dritten Dimension übermannt werden und sich den Gelüsten dieser Welt hingeben. Diese verdorbenen Wesen gelangen nach ihrem Tod nicht in das Reich des Himmels, sondern stürzen in eine noch dunklere Hölle, von wo es äußerst schwierig ist, zu dem Bewusstsein aufzusteigen, Kinder Buddhas zu sein.

Unsere ganz von Materialismus und äußeren Erscheinungen geprägte dreidimensionale Welt ist also ein sehr harter und strenger Trainingsboden. Zugleich bietet sie uns aber auch die Möglichkeit, erlöst zu werden. Darüber hinaus ist sie ein Ort, wo wir die Gelegenheit erhalten, mit Geistwesen aus den verschiedensten Dimensionen zusammenzutreffen, mit denen wir in der wirklichen Welt nicht so einfach in Kontakt treten könnten. Es ist zum Beispiel möglich, einem großen Führungsgeist des Lichts in menschlicher Gestalt zu begegnen, ebenso wie man auch jemanden treffen kann, dessen Herz mit dem Teufel in der Hölle in Kontakt ist.

Jedem von uns wird die gleiche Chance gegeben. Wir alle werden als unschuldige Kinder geboren und können unser Leben neu gestalten. Erleuchtung stellt also die Chance für einen Neubeginn dar.

4.3 Der Weg zur Erleuchtung

Was können wir tun, um zur Erleuchtung zu gelangen?

Erleuchtung bedeutet, unser Leben dahingehend zu ändern, dass wir mehr Licht hineinbringen und unsere Spiritualität und unser Buddhawesen im Licht Buddhas erstrahlen, also *erleuchten*, lassen. Wir werden erkennen, dass uns dafür eine Vielzahl von Wegen zur Verfügung stehen.

Diese Wege haben alle die Vervollkommnung unserer Spiritualität zum Ziel. Der Buddhismus ist einer davon, aber auch Christentum, Shintoismus, Konfuzianismus, Taoismus und Islam bieten uns, jeder auf seine Weise, Übungen, die dasselbe Ziel verfolgen. Deshalb fühlen sich viele der nach der Wahrheit Buddhas Suchenden im Dschungel der spirituellen Übungsvielfalt verloren und überfordert. Sie werden verwirrt und können sich nicht entscheiden, welche der spirituellen Übungsmethoden sie wählen oder welche der Religionen sie als die richtige betrachten sollen.

Alle Weltreligionen sind Ausdrucksformen verschiedener Aspekte des Lichts Buddhas. Dabei spreche ich hier nicht von den vielen neuen Religionsgruppen, die sich in letzter Zeit gebildet haben, sondern von jenen, an die die Menschen schon seit hunderten und tausenden von Jahren glauben. Das Leben und Werk ihrer Gründer wird von ihren Anhängern verehrt, weil in all diesen Religionen das Licht Buddhas durchscheint. Der einzige Unterschied zwischen ihnen ist, dass dieses Licht, das sie ausstrahlen, gefärbt ist von der Zivilisation und der Lebensart jener Zeit, in der sie verkündet wurden.

Dennoch muss gesagt werden, dass diese Lehren der Vergangenheit eben nichts anderes sind als Lehren der Vergangenheit. Was wir in unserer neuen Zeit aber so notwendig brauchen, ist das Auftreten einer neuen Lehre, einer neuen Botschaft und neuer spiritueller Übungen für unsere Vervollkommnung.

Die Suche nach der Erleuchtung verfolgt letztendlich das Ziel, eins mit Buddha zu werden und Buddhas Geist in unserem eigenen Denken und Handeln zu verwirklichen. Sie ist die Suche nach einer Lebensweise, die in Einklang steht mit der Wahrheit Buddhas.

Zu diesem Zweck wurden uns der edle Achtfache Pfad und die Entwicklungsstadien der Liebe gegeben. Wer den Weg zur Erleuchtung im Buddhismus sucht, für den stellt der Achtfache Pfad, wie er in Kapitel 2 beschrieben ist, einen brauchbaren Führer für alle Tage unseres Lebens dar. In ihm wird die unveränderliche Wahrheit Buddhas verkündet. Jeder, der ihn befolgt, wird sich spirituell weiterentwickeln – aber erwarten wir nicht, im Verlauf eines Lebens bis zur höchsten Stufe der Vervollkommnung zu gelangen: Der Weg dorthin kann eine Ewigkeit dauern.

Anfänger, die sich mit dem edlen Achtfachen Pfad beschäftigen, sollten sich zunächst auf die Punkte *Rechte Einsicht* und *Rechte Rede* konzentrieren. Das allein wird etwa fünf bis zehn Jahre dauern. Glaubt der Schüler, diese Eigenschaften zu beherrschen, kann er sich als nächstes dem *Rechten Tun* und dem *Rechten Leben* widmen. Meistert er auch diese Punkte, dann hat der Schüler bereits jene Stufe der Erleuchtung erreicht, die dem Reich des Lichts in der sechsten Dimension entspricht. Eine zusätzliche Beherrschung der nächsten zwei Punkte, *Rechte Gesinnung* und *Rechte Anstrengung*, führen zu einem ganz der Religion gewidmeten Leben. Mit welcher Mühsal man im Leben auch konfrontiert sein mag, jemand, der diese Stufe der Erleuchtung erlangt hat, wird die Kraft haben, erfolgreich dagegen anzukämpfen. Sein Herz ist Versuchungen gegenüber so unbeugsam wie Stahl, und befindet sich auf einer Stufe der Erleuchtung, die im Buddhismus als Arakan[9] bezeichnet wird.

Der Bewusstseinszustand des Arakan liegt genau zwischen dem Reich des Lichts der 6. Dimension und dem Reich der Bosatsu der 7. Dimension. Ein Erreichen dieses Zustands bedeutet, dass die persönliche spirituelle Vervollkommnung bereits ziemlich fortgeschritten sein muss. Wenn man sich allerdings nach wie vor von kritischen Worten aus dem Gleichgewicht bringen lässt,

---

[9]   Arakan ist die japanische Lesung des Sanskrit-Wortes Arhat.

eine Wut wegen einer Kleinigkeit bekommt, nach Macht oder Ehre strebt, dann sind dies alles Zeichen dafür, dass man die Stufe des Arakan noch nicht wirklich erreicht hat.

Heutzutage gibt es sowohl in Japan als auch in allen anderen Ländern der Erde eine große Zahl von Personen, die sich als religiöse Führer ausgeben. Um sie richtig einschätzen zu können, sollten wir uns ansehen, was sie predigen und wie sie dabei vorgehen. Einige sind wie besessen von psychischen Kräften; andere wiederum nützen die Schwächen der Menschen aus und betrügen ihre Anhänger, indem sie ihnen mit der Hölle oder mit Bestrafung drohen, um an ihr Geld heranzukommen. Personen wie diese haben die Stufe des Arakan noch nicht erreicht. Der Zustand des Arakan ist der erste Schritt zu einem Bosatsu des Lichts; Menschen, deren Herzen voll sind mit Gelüsten nach Macht, Ruhm, Geld oder Sex, die von Ärger, Hass oder Verbitterung geprägt sind, sind keine wahren, vom Himmel geschickten, religiösen Führer.

Um zur Erleuchtung zu gelangen, müssen wir zunächst sicherstellen, dass unser Herz irdischen Leidenschaften gegenüber nicht empfänglich ist und dass es rein bleibt, wir müssen versuchen, mit unserem Schutzgeist in Kontakt zu treten und die Fähigkeit entwickeln, in die Herzen anderer hineinzublicken, so als ob es unser eigenes wäre – mit anderen Worten, wir müssen den Zustand des Arakan anstreben. Wenn wir diese Anfangsstadien nicht meistern, werden wir uns niemals spirituell weiterentwickeln, und wir werden nie zu höherer Erleuchtung gelangen.

Unser erstes großes Ziel sei also der Zustand des Arakan. In den darüber liegenden Stufen wird uns dann die Welt der Wahrheit, die Welt des Erwachens, der tiefen Erleuchtung, erwarten.

4.4 Nyoshin

Nyoshin ist die Bezeichnung für jene Stufe der Erleuchtung, die genau über der des Arakan liegt.

Bei Erreichen der Stufe des Arakan weist der Schüler bereits einen unerschütterlichen Glauben an Buddha auf und ist nicht mehr empfänglich für weltliche Gelüste, er erhält Anweisungen von seinem Schutzgeist und ist fähig, in die Herzen jener Menschen zu sehen, mit denen er im täglichen Leben in Kontakt tritt. Er steht also bereits auf einer für Menschen verhältnismäßig hohen spirituellen Stufe und ist fähig, als religiöser Führer andere Menschen zu leiten.

Doch auch auf dieser Stufe besteht noch die Gefahr des Scheiterns. Denn obgleich man, um bis hierher zu gelangen, gründlich über sein Leben reflektiert hat und über das Unterbewusstsein in Kontakt mit seinem Schutzgeist treten kann, kennt man das Herz eines Bosatsu des Lichts doch noch nicht gut genug. Es fehlt noch an Kenntnissen über die Größe, Tiefe und Vielfalt der Wahrheit Buddhas, so dass die Gefahr, ein Opfer falscher Lehren zu werden, noch durchaus gegeben ist.

Bei den Bewohnern des Tengu- und Sennin-Reichs[10] im Nebenhimmel äußert sich diese spirituelle Stufe nur in der einfachen Form einer göttlichen Kraft, durch die Hellsehen und bestimmte spirituelle Phänomene möglich werden. Man sollte daher, um nicht hier zu enden, das Studium der Wahrheit niemals zu leicht nehmen und ständig nach immer höheren Formen und Stufen der Liebe und der Erleuchtung streben.

Es gibt noch einen anderen Grund, warum Personen, die sich auf der Stufe des Arakan befinden, verhältnismäßig oft zum Scheitern verurteilt sind. Der Zustand des Arakan ist wie ein Stück Eisen, bei dem der Rost an der Oberfläche zum ersten Mal abgekratzt und so der Blick auf das darunter scheinende Metall freigegeben wurde. Dieses Stück Eisen ist aber nicht mit einem Rostschutzmittel versehen, so dass der Rost jedes Mal zurückkommt, wenn die darunter liegende Schicht nicht entsprechend gepflegt und gereinigt wird. In gleicher Weise müssen auch wir unser Herz ständig rein halten. Wenn es unserer Aufmerksamkeit entgeht, dass unser Herz angefangen hat zu rosten, und wir im festen Glauben daran weiterleben, große Meister zu sein, die

---

10   Die sechste Dimension der himmlischen Welt wird waagerecht in obere, mittlere und untere Gebiete geteilt. Senkrecht gesehen, gibt es vorne das Reich des Lichtes, in der Mitte das Ryugureich und hinten das Reich der ‚Tengu' und der ‚Sennin'. Die letzten beiden werden von denjenigen bewohnt, die sich hauptsächlich den physikalischen Disziplinen widmen. Die Tengu sind stolz auf ihre ungewöhnlichen Kräfte in der dreidimensionalen Welt. Die Sennin sind Geistwesen, die sich auf die Vervollkommnung ihrer übernatürlichen Kräfte konzentrieren.

bereits zur Erleuchtung gelangt sind, dann sind wir in großer Gefahr.

Um die Metapher noch weiter zu spinnen: So lange unser Herz hell ist und leuchtet, ist auch seine Oberfläche glatt, und alle bösen Einflüsse und Gedanken gleiten daran ab. Beginnt es aber Rost anzusetzen, dann wird seine Oberfläche rau und gewellt, so dass alle möglichen Dinge daran Halt finden. Schließlich wird es so weit kommen, dass böse Geister einen Haken in die raue Oberfläche schlagen und von dort ein Seil bis in die Tiefen der Hölle hinunterlassen, an dem verlorene Seelen, die Geister von Tieren oder der Teufel selbst heraufklettern können.

Manche Personen, die den Zustand des Arakan erreicht und zu religiösen Führern geworden sind, haben auf diese Weise zugelassen, dass das Böse von ihren Herzen Besitz ergreift, und stiften nun ihrerseits unter den Menschen Verwirrung und verbreiten Irrlehren. Dies ist eine heimtückische Falle, die wir nur vermeiden können, indem wir unsere Herzen immerfort pflegen und frei von Rost halten. Wenn unsere Herzen nicht rein sind, können wir nicht sagen, wann der Punkt kommt, an dem Angriffsstellen für ein Seil in die Hölle möglich werden. Wenn wir versuchen, bereits eingeschlagene Haken herauszuziehen, dann werden nur noch mehr Haken eingeschlagen, und alle unsere Bemühungen sind umsonst. Haben uns die bösen Geister einmal in ihrer Gewalt, dann bedarf es mehr als nur spiritueller Reinigung oder Exorzismus, um sie wieder loszuwerden. So lange in unseren Herzen Rost zu finden ist, werden die Dämonen immer wieder einen Weg finden, zu uns zurückzukehren.

Halten wir unsere Herzen also frei von diesem Rost und umgeben wir sie, wenn möglich, mit einem imaginären Rostschutzmittel. Das wird es uns erleichtern, zur nächsten Stufe der Erleuchtung zu gelangen.

Jene Stufe der Erleuchtung, die genau über der des Arakan liegt, bezeichnet man als Nyoshin. Auf dieser Stufe werden wir von Geistwesen geführt, die auf einer höheren Dimension als unsere eigenen Schutzgeister stehen – wir können also auf spiritueller Ebene mit den Führungsgeistern aus dem Reich der Bosatsu (dem Reich der Engel) in der 7. Dimension oder mit noch höheren Geistwesen kommunizieren. Bei Erreichen dieser Stufe sind wir praktisch unbezwingbar. Außer in Extremsituationen wird uns das Böse nichts mehr anhaben können, denn von Nyorais und Bosatsu Instruktionen zu erhalten bedeutet, dass das Licht Buddhas vermehrt in uns ist und das Böse abwehrt, sobald es sich uns nähern sollte.

Im Zustand des Nyoshin sind unsere Herzen bescheiden und kennen keine Arroganz. Unser größter Wunsch ist, anderen zu helfen, uns nützlich zu machen auf dieser Welt und nach Wegen zu suchen, um denen zu helfen, die vom rechten Weg abgekommen sind. Der Hauptgrund dafür, dass die Menschen auf der Stufe des Arakan scheitern, liegt daran, dass sie von Eitelkeit oder Eingebildetheit übermannt werden – aber wenn wir einmal die unbezwingbare Stufe des Nyoshin erreicht haben, dann denken wir nicht mehr an Gewinn und an uns selbst, und wir bleiben in allen Situationen ruhig und gelassen. Auf dieser Stufe gelangen wir schließlich auch zur Beherrschung von *Rechter Achtsamkeit* und *Rechter Sammlung*.

Die Stufe des Nyoshin ist aber noch mit einer anderen Fähigkeit verbunden, von der wir bisher noch nicht gesprochen haben: Je mehr wir uns der Stufe des Kanjizai, also der oberen Sphäre des Reichs der Bosatsu, nähern, umso mehr werden wir plötzlich über Menschen Bescheid wissen, die hunderte von Kilometern entfernt sind. Wenn wir nur den Namen einer Person lesen, dann werden wir in diesem Augenblick wissen, wie sich diese Person gerade fühlt, mit welchen Problemen sie zu kämpfen hat, von welchen Geistern sie besessen ist sowie alles über ihre vergangenen und zukünftigen Leben, auch wenn sie vielleicht auf der anderen Seite der Erde lebt.

Wir müssen aber immer darauf achten, dass wir diese Fähigkeit des Hellsehens nicht für unsere eigenen Zwecke missbrauchen, und weiterhin danach trachten, unsere Liebe zu vertiefen und unseren Geist zu schärfen.

4.5 Kanjizai: Grenzenlose Erkenntnis

Nyoshin könnte man definieren als den Erleuchtungsgrad, den wir auf der Stufe der Bosatsu erreicht haben und der es uns ermöglicht, in die Mysterien der Welt der Geistwesen Einblick zu nehmen und diese zu verstehen. Manche Personen, die bis zu diesem Zustand der Erleuchtung gelangt sind, besitzen sogar die Fähigkeit, mit der Welt der Nyorai in Kontakt zu treten. Nyoshin ist also in sich wieder in mehrere Ebenen unterteilt, wobei man dann, wenn man von dem direkt über der Stufe des Arakan liegenden Nyoshin spricht, darunter üblicherweise einfach die Ebene der Bosatsu versteht. Dabei sind mit Bosatsu durchaus nicht nur Personen gemeint, die in unserer Welt zur Erleuchtung gefunden haben, sondern ebenso Wesen des Jenseits, der *wirklichen* Welt.

Es wäre jedoch falsch anzunehmen, dass diese Geistwesen der *wirklichen Welt* allwissend sind. Je nach der spirituellen Ebene, auf der sie sich bewegen, und dem Grad ihrer Erleuchtung lassen sich auch hier verschiedene Stufen des Wissens unterscheiden. Betrachten wir ein typisches Beispiel – das Voraussagen der Zukunft:

Alle Geistwesen der vierten oder einer höheren Dimension können Dinge, die in der Zukunft liegen, zu einem gewissen Grad voraussagen. Betreffen diese Voraussagen allerdings uns Menschen in unserer dreidimensionalen Welt, so kann es zu Irrtümern bezüglich Zeit und Raum kommen.

Dafür gibt es zwei Gründe:

Erstens müssen wir in der Zukunft liegende Ereignisse in zwei Gruppen unterteilen, in die der *vorbestimmten* und in die der *beeinflussbaren* Ereignisse.

Bei der ersten Gruppe handelt es sich um Ereignisse, die bereits auf einer höheren spirituellen Ebene beschlossen wurden und außer in Extremfällen nicht mehr umkehrbar sind. Die andere Gruppe hingegen besteht aus Ereignissen, die wahrscheinlich eintreffen werden, und zwar dann, wenn sich die gegenwärtige Situation wie erwartet weiterentwickelt. Diese Ereignisse können also bei entsprechender Anstrengung seitens der Menschen und ihrer Schutz- und Führungsgeister abgeändert werden. Auf diese Weise kann es vorkommen, dass auch die Voraussagen der Geistwesen einer höheren Dimension nicht immer zutreffen.

Zweitens hängt die Treffsicherheit der Voraussagen auch von der spirituellen Ebene ab, auf der sich die Geistwesen befinden, sowie davon, wie gut sie sich auf dem Gebiet auskennen, für das sie die Voraussage tätigen.

Generell gesprochen kann man natürlich davon ausgehen, dass eine höhere spirituelle Ebene auch mit einer exakteren Voraussage verbunden ist. Es gibt jedoch Geistwesen, die auf das Voraussagen der Zukunft spezialisiert sind, und wie bei jedem Fachmann ist natürlich auch hier die Erfolgschance größer.

Gehen wir nun weiter zu der direkt über *Nyoshin* liegenden Ebene der Erleuchtung, dem sogenannten *Kanjizai*.

Das *Hannya Shinkyou* (auch Herz-Sutra genannt, weil es die Quintessenz, also das „Herz" mehrerer Lehren bildet[11]) beginnt mit den folgenden Worten: „Nachdem die spirituelle kontemplation des *Kanjizai Bosatsu* ihn in einen so hohen Erleuchtungsgrad versetzt hatte, dass es ihm möglich war, die Schatztruhe seines unterbewusstseins zu öffnen..."

Es handelt sich dabei bei dem Ausdruck *Kanjizai Bosatsu* nicht um eine Person, sondern um den Erleuchtungsgrad, den ein Bosatsu durch eingehende spirituelle Kontemplation erreicht hat.

Unter einem *Bosatsu* versteht man den Zustand einer Seele, die bereits über die Entwicklungsstufe des *Hinayana* (Kleinen Fahrzeugs) hinaus zum *Mahayana* (Großen Fahrzeug) gelangt ist, bei der nicht die eigene Erlösung, sondern die Erlösung aller Lebewesen, die Erlösung der gesamten Menschheit, im Vordergrund steht. Dennoch gibt es auf dieser Ebene des Bosatsu noch immer menschliches Leid und Qual, und es ist nicht immer möglich, von den göttlichen Kräften Gebrauch zu machen. Entwickelt sich ein Bosatsu jedoch weiter und gelangt in die höchste Stufe der Erleuchtung innerhalb der Welt der Bosatsu, die man als *Bonten* bezeichnet, dann kann er trotz kleinerer Krankheiten oder Probleme im zwischenmenschlichen Bereich diese göttlichen Kräfte konsequent anwenden. Man könnte also *Kanjizai Bosatsu* auch als die Stufe des Bonten bezeichnen, in der wirklichen Welt sozu-

---

[11] Anm. d. Übers.

sagen die Zwischenstufe zwischen der Welt der Bosatsu und der Welt der Nyorai, gelegen in der siebten bzw. achten Dimension.

Was wir hier als Kanjizai Bosatsu bezeichnen, war in Indien zur Zeit des Buddha Shakyamuni auf Sanskrit als *Avalokiteshvara* bekannt und wird im traditionellen japanischen Buddhismus *Kanzeon Bosatsu* genannt.

Es handelt sich also um jene Stufe, auf der man im Besitz der „sechs göttlichen Kräfte" ist, auch wenn man diese noch nicht wirklich in allen Fällen zu hundert Prozent anwenden kann.

Diese sechs göttlichen Kräfte, die ich in weiterer Folge im einzelnen beschreiben möchte, sind: Tengen (Göttliches Auge), Tenni (Himmlisches Gehör), Tashin (Gedankenlesen), Shukumyo (Erkenntnis von Schicksalen), Jinsoku („göttliche Beine" = Astralreisen) und Rojin (Befreiung von weltlichen Abhängigkeiten).

Tengen ist die Kraft des spirituellen Sehens. Sie gibt einem Kanjizai Bosatsu nicht nur die Kraft, die Aura von Menschen oder die Geister, von denen sie besessen sind, zu sehen, sondern stattet sie auch mit der Fähigkeit aus, durch die wirkliche Welt hindurchsehen zu können.

Tenni ist die Macht, Stimmen der Geistwesen aus der wirklichen Welt hören zu können und spirituelle Botschaften in Empfang zu nehmen.

Tashin bezeichnet die Macht, die Gedanken anderer Menschen zu lesen und in ihre Herzen zu sehen.

Shukumyo ist die Macht, in die Zukunft zu sehen, und zwar sowohl in die eigene wie auch in die anderer Personen. Darunter fällt auch die Fähigkeit, in die Vergangenheit anderer Personen zu sehen.

Unter *Jinsoku* versteht man die Fähigkeit zu Astralreisen. Ein Kanjizai Bosatsu kann seinen Körper verlassen und in der Welt der Geistwesen umherreisen. Er kann sich auch mittels Teleportation an jeden Ort unserer Welt versetzen.

Rojin ist jener Zustand, der Konfuzius dazu gebracht hat zu sagen: „Würde ich dem folgen, was sich mein Herz wünscht, ich würde die Grenzen der Moral nicht sprengen". Es ist die Kraft, über allen Wünschen zu stehen, die Kraft, trotz der spirituellen Fähigkeiten, die man vielleicht schon erworben hat, keinen Gedanken an sich selbst zu verlieren und einzig danach zu streben, das eigene Herz rein und frei von Rost zu halten und sich spirituell weiter zu entwickeln.[12]

Ein Kanjizai Bosatsu besitzt alle diese Kräfte. Er steht damit eine Stufe über dem Nyoshin, wo man „nur" die Fähigkeit hat, die Gedanken mehrerer Personen zugleich lesen zu können und in die Herzen von weit entfernten Personen hineinzusehen.

---

[12] Der Ausdruck Rojin bezeichnet also die Fähigkeit, sich selbst von allen irdischen Leidenschaften zu befreien. Dies erfolgt durch tägliche Reflexion und Selbstprüfung und sollte daher eher als eine Entwicklungsstufe der Weisheit als als spirituelle Fähigkeit angesehen werden. Personen, die sich auf dieser Stufe befinden, können, obwohl sie besondere spirituelle Fähigkeiten besitzen, ein nach außen hin völlig normales Leben führen.

4.6 Einer ist Viele – Viele sind Einer (Issokuta-Tasokuitsu)

Es ist nun an der Zeit, die für Menschen höchstmögliche Stufe der Erleuchtung zu beschreiben, auf der man bei Beherrschung der Elemente *Rechte Gesinnung* und *Rechte Anstrengung* sowie *Rechte Achtsamkeit* und *Rechte Sammlung* aus dem edlen Achtfachen Pfad bzw. bei Erreichen der Personifizierten Liebe steht. Mit anderen Worten, ich möchte nun über jene Stufe der Erleuchtung sprechen, die dem Reich der Nyorai entspricht.

Bis zur Bewusstseinsstufe des Bosatsu ist die Seele weitgehend auf die Gestalt des menschlichen Körpers angewiesen. Geistwesen sind zwar im Grunde genommen ein gestaltloses Bündel von Energie, Intelligenz ohne Form, aber nach endlosen Wiedergeburten und unzähligen Leben als Menschen fühlen sich viele Geistwesen ihrer menschlichen Form so verbunden, dass sie einen Teil der ihnen innewohnenden Funktionsfreiheit bereits eingebüßt haben. So bedienen sich etwa die Bewohner des Bosatsu-Reichs der 7. Dimension bei ihren spirituellen Übungen ihres menschlichen Körpers. Die meisten Bosatsu können sich selbst gar nicht anders als in menschlicher Form – mit zwei Händen, zwei Füßen, Kleidung, einer bestimmten Frisur und einem bestimmten Gesicht – vorstellen. Erst wenn sie menschliche Form angenommen haben, sind sie zufrieden. So tugendhaft und rechtschaffen sie auch sein mögen, so hochentwickelt ihre Führungskraft auch sein mag, ihre Macht ist durch dieses Bedürfnis nach einer menschlichen Form in gewisser Weise beschränkt.

Eine andere Situation finden wir im Reich der Nyorai in der 8. Dimension vor. Die Bewohner des Reichs der Nyorai wissen, dass sie Geistwesen ohne menschliche Form sind. An den Zyklus der Wiedergeburt in einem menschlichen Körper bleibt ihnen nur die Erinnerung, sie selbst sind sich sowohl in ihrem Intellekt als auch in ihrer Lebensweise der Tatsache bewusst, eine Form von intelligenter Energie, ein gestaltloses Lichtbündel, zu sein.

Was wäre, wenn ein übersinnlich veranlagter Mensch aus unserer Dimension seinen Körper verlassen und sich auf die Reise in die 8. Dimension begeben würde? Was würde er sehen?

Um ihm das Verständnis zu erleichtern, würden ihm die Nyorai in jener Gestalt erscheinen, derer sie sich während ihres Lebens auf der Erde bedient hatten. Sie würden ihn zu sich nach Hause einladen und ihm Kaffee oder Wein anbieten – Kaffee oder Wein mit einem Geschmack und Aroma, von dem wir Menschen auf der Erde nur träumen können. Wieder zurück auf der Erde, würde unser Freund seinen Bekannten wahrscheinlich in folgender Art und Weise über seinen Ausflug erzählen: „Das Reich der Nyorai in der 8. Dimension ist ein wahrhaft wunderbarer Ort. Die Bewohner sehen aus wie Götter, die Straßen sind mit Rubinen gepflastert und die Gebäude sind voll von Diamanten. Die Getränke haben ein Aroma, wie Ihr es Euch gar nicht vorstellen könnt, die Tische sind aus leuchtendem Marmor, und die Säulen in den Ecken der Räume sind aus reinem Kristall".

Eine ähnliche Beschreibung lieferte auch Swedenborg, ein berühmter europäischer Theologe des 18. Jahrhunderts, der ebenfalls solche Erfahrungen gemacht hatte. Seine Beschreibung lässt uns aber erkennen, dass er noch nicht zu wahrem spirituellen Erwachen gelangt war. Denn hätte er seine Umgebung genauer betrachtet, wären die juwelenbesetzten Gebäude und Straßen plötzlich verschwunden, und es wären nur mehr die Nyorai lächelnd vor ihm gestanden. Hätte er noch genauer hingesehen, wären die Nyorai selbst auch verschwunden, und an ihrer Stelle wäre nur mehr eine Lichtkugel gewaltiger Größe gewesen. Denn die Rubine, Diamanten und anderen Edelsteine dienten nur dazu, den Besucher von der Erde zu erfreuen, es war nicht mehr als ein Versuch, die Welt so darzustellen, dass sie auch in unser dreidimensionales Denkschema hineinpasst.

Der Grad der Erleuchtung des Reichs der Nyorai ermöglicht den Bewohnern dieser Bewusstseinsebene, sich selbst als gestaltlose Wesen zu erkennen. Personen, die dieses Stadium erreichen, während sie noch als Menschen auf der Erde weilen, werden Einblick in jenes Gesetz bekommen, welchem das Reich der Nyorai unterliegt.

Dieses Gesetz besagt im wesentlichen folgendes: „Einer ist viele – viele sind einer". In der Welt der Nyorai gibt es keine Möglichkeit, Dinge durch Zahlen wie z.B. „eins" objektiv zu erfassen. Was jemand als „eins" ansieht, könnte man daher eben sogut als „zehn" oder „zehntausend" interpretieren. In gleicher Weise könnte auch „tausend" dasselbe bezeichnen wie „eins". Zahlen sind in dieser Dimension nämlich keine objektiven

Tatsachen, sondern Konstruktionen unseres Verstandes; einzig und allein unser Bewusstsein in seiner Gesamtheit erkennt den wahren Sachverhalt.

Um diese Erklärungen etwas verständlicher zu machen, nehmen wir einmal an, ein Bewohner aus dem Reich der Nyorai hätte zehn Aufgaben zu erfüllen. In diesem Fall könnte er sich in zehn Personen aufspalten. Hätte er zehntausend Aufgaben zu erfüllen, könnte er sich in zehntausend Personen aufspalten – aber unabhängig davon, in wie viele Personen er sich auch aufspaltet, er hätte doch nur ein einziges Bewusstsein.

Kitaro Nishida (1870–1945), ein japanischer Philosoph der Kyoto-Schule, erkannte nach vielen Jahren des Studiums dieses Gesetz. Er war wohl in Wahrheit selbst ein Bewohner des Reichs der Nyorai und schöpfte sein Wissen über die wirkliche Welt aus seinem Unterbewusstsein:

Das Reich der Nyorai in der 8. Dimension ist ein Ort, wo die Vereinigung von absoluten Gegensätzen im Selbst zur Wirklichkeit wird. Es ist eine Welt, wo Dinge, die nach außen hin unterschiedlich und widersprüchlich zueinander erscheinen, intuitiv zu einem Ganzen vereinigt werden.

Kitaro Nishida gelang es offenbar noch während seines Lebens auf der Erde, teilweisen Einblick in dieses Reich – also teilweise Erleuchtung – zu erwerben.

4.7 Die Erleuchtung des Reichs der Sonne

Die Erleuchtung des Reichs der Nyorai basiert auf dem zuvor erklärten Prinzip von „Einer ist viele – viele sind einer", eine Auffassung, die im allgemeinen jenseits der menschlichen Vorstellungskraft liegt. Das Prinzip ist eine Folge der Erkenntnis, dass Geistwesen Teilchen von Buddhas Licht sind, gestaltlose Energiebündel, Intelligenz ohne Form. Das Reich der Nyorai bildet zugleich auch die höchste Stufe der Erleuchtung, zu der wir Menschen in der Praxis aufsteigen können. Das zeigt sich an der Tatsache, dass von den mehr als zehn Milliarden Seelen, die zur Gruppe der terrestrischen Geistwesen gezählt werden, nicht einmal 500 im Reich der Nyorai leben. Daran lässt sich auch ablesen, wie schwierig es ist, bis zu dieser Stufe der Erleuchtung zu gelangen.

Die Erleuchtung der Nyorai geht über den einfachen Dualismus von Gut und Böse hinaus bis hin zu den Prinzipien von Vereinheitlichung und Sublimierung. Um auf diese Stufe der Erleuchtung zu gelangen, genügt es nicht mehr, sich selbst durch Übungen spirituell weiterzubilden; es ist auch ein äußerst hohes Maß an Urteilsfähigkeit und Weisheit nötig, um die Weite der Ereignisse, die sich im Universum abspielen, sowie die Gesetze, denen diese Ereignisse unterliegen, vollständig zu erfassen.

Was sind das für Personen, die diese so seltene Stufe der Erleuchtung erreicht haben? Unter ihnen befindet sich zum Beispiel Shotoku Taishi (574– 622), der in Japan als Gründer des Buddhismus angesehen wird und der zugleich auch der Begründer des japanischen Staates ist. Dann gibt es noch Kukai (774–835), jenen Mönch, der die Shingon-Sekte des Buddhismus gegründet hat, den Philosophen Kitaro Nishida (1870–1945) und einige mehr.

Obwohl das Reich der Nyorai von weniger als 500 Geistwesen bewohnt wird, teilt es sich wiederum in vier Stufen. Die niedrigste unter ihnen ist das Bonten-Reich, welches die Grenze zur 7. Dimension bildet und von etwa 40 Nyorai bewohnt wird. Als nächstes kommt das Reich des Halb-Göttlichen, wo etwa 120 Seelen leben, gefolgt vom Reich des göttlichen Lichts mit 280 Seelen. Die höchste Stufe ist das Reich der Sonne. Während das Reich der Sonne im weiteren Sinn das ganze kosmische Reich der 9. Dimension umfasst, versteht man darunter im engeren Sinn den Bereich an der Grenze zwischen der 8. und der 9. Dimension, der von etwa 20 Großen Nyorai bewohnt wird.

Zu den Großen Nyorai, die in diesem Reich der Sonne leben, gehören drei Götter des Shintoismus, und zwar Ameno-minakanushi-no-kami[13], Ame-no-tokotachi-no-kami und Kamu-

---

13 Ame-no-minakanushi-no-kami (wörtlich: der Herr der Götter im Zentrum des Himmels): wird im Kojiki (dem ersten Geschichtsbuch Japans aus dem Jahr 712) als die höchste Macht bezeichnet, die das Land der Götter regiert.

Sagen über die Erschaffung der Welt, wie z.B. Göttersagen aus alten Geschichtsbüchern, entbehren jeder realen Grundlage und sollten daher besser als Worte und Taten mächtiger Personen aufgefasst werden, die in prähistorischen Zeiten in Japan lebten. So war die Sonnengöttin Ama-

musuhi-no-kami, weiters die christlichen Heiligen Augustinus und Thomas von Aquin, die taoistischen Führer Lao-tzu und Chuang-tzu, der Apostel des Mohismus, Mo Ti, die alten Griechen Apoll, Sokrates und Platon sowie die buddhistischen Führer Ashuku Nyorai und Yakushi Nyorai. Im Reich des göttlichen Lichts, also eine Stufe unter dem Reich der Sonne, lebt u. a. Mohammed, der Gründer des Islams.

Was haben die Bewohner des Reichs der Sonne gemeinsam? Es ist ganz einfach: Sie alle haben einen Grad der Erleuchtung erreicht, auf den ein Mensch niemals gelangen kann. Denn es handelt sich nicht um einen Zustand, der durch menschliches Streben und spirituelle Übungen erreicht werden kann, es handelt sich vielmehr um die Gemeinschaft der großen Geistwesen. Jeder einzelne Bewohner dieser Stufe könnte selbst der Gründer einer Weltreligion auf der Erde werden.

Eine der Aufgaben, die diesen großen Geistwesen, die schon jenseits des Reichs menschlicher Erleuchtung stehen, übertragen ist, besteht darin, dass sie persönlich in die Planung der menschlichen Evolution einbezogen sind. Sie helfen den großen Geistwesen der 9. Dimension und sind verantwortlich für die Gründung neuer Zivilisationen, neuer religiöser Revolutionen und neuer Zeitalter in der menschlichen Geschichte.

---

terasu-O-Mikami in Wirklichkeit nicht eine göttliche Verkörperung der Sonne, sondern eine Frau von hohem Rang und hoher Geburt, die nach ihrer Rückkehr in die wirkliche Welt als weiblicher Führungsgeist verehrt wurde.

4.8 Die Erleuchtung des Buddha Shakyamuni

DIE GROSSE ERLEUCHTUNG

Bevor ich dazu übergehe, die Erleuchtung der 9. Dimension zu erklären, möchte ich zunächst noch auf die Erleuchtung von Gautama Siddharta, dem Buddha Shakyamuni, hinweisen, die vor mehr als 2.500 Jahren in Indien stattgefunden hat.

Im Alter von 29 Jahren verließ er den Palast seiner wohlhabenden Eltern und begab sich auf die Suche nach der Erleuchtung. Sechs Jahre lang führte er ein asketisches Leben, beendete dieses jedoch, als er sah, dass es nicht zum Ziel führte, bis er schließlich – nach einer Woche Meditation, um ein Uhr früh, im Zustand tiefer Trance – unter einem BodhiBaum die Erleuchtung fand. Diese Erleuchtung könnte er etwa wie folgt beschrieben haben:

Viele Jahre lang habe ich geglaubt, durch Kasteiung des Fleisches zu spiritueller Erleuchtung zu gelangen. Ich habe weder gegessen noch getrunken und meinen Körper extremen Schmerzen und Entbehrungen ausgesetzt.

Sechs Jahre sind vergangen, seit ich meine Frau Yashodhara und meinen Sohn Rahula verlassen habe und aus Kapilavastu geflohen bin, die Bitten meines Vaters, ihm auf den Thron zu folgen, in den Wind schlagend. Als ich noch im Palast meines Vaters lebte, war ich von kräftigem Körperbau und ein Meister sowohl in den militärischen wie auch in den literarischen Künsten – aber seht mich nur jetzt an. Meine

Rippen treten hervor, meine Augen sind eingefallen, ich glei-
che einem Skelett. Wenn eine solche Kasteiung des Körpers
zum spirituellen Training dazugehört, warum wurde uns
dann überhaupt ein solcher Körper gegeben? Wenn es der
Wille des Ewigen Buddha[14] ist, dass wir unsere Körper auf
diese Weise selbst zerstören, müssten doch eigentlich diejeni-
gen, die Selbstmord begehen, die höchste Stufe der Erleuch-
tung erreichen.

Doch was erreichen wir mit Selbstmord? Nachdem das Uni-
versum dem Gesetz von Ursache und Wirkung unterliegt,
werden wir Böses ernten, wenn wir Böses säen. Wenn unser
Selbstmord zur Ursache von Leid und Schmerzen wird, dann
wartet auf uns nur unvorstellbares Leiden in der Hölle.
Unseren Körper durch Askese so zu quälen ist nichts anderes
als eine Form langsamen Selbstmords. Buddhaschaft ist ein
Zustand der Ruhe und des Friedens, den wir in den harten
asketischen Übungen niemals finden werden, niemals werden
wir dadurch zur Erleuchtung gelangen. Alles, was mir von
den sechs Jahren der Askese geblieben ist, ist ein erschrecken-
des Äußeres und hervortretende Augen. Alles, was mir meine
strenge Disziplin gebracht hat, ist ein grimmig blickendes
Gesicht und Augen, die Menschen durchbohren können wie
Pfeile – aber nirgends auch nur eine Spur von Liebe oder

---

[14]   Die Bezeichnung „Ewiger Buddha" bezieht sich im allgemeinen auf El
Cantare. Hier wird sie als Bezeichnung für den Vater der Seele des Buddha Shakyamuni verwendet.

Erleuchtung auf höchster Stufe

Barmherzigkeit. Wenn nicht einmal in unseren eigenen Herzen Friede und Freude ist, wie sollen wir dann anderen gegenüber wahre Güte und wahres Erbarmen walten lassen?

Aber worin besteht „Freude" überhaupt? Was ist „Glücklichsein"? Als ich als Prinz in Kapilavastu lebte, tat jeder genau das, was ich wollte. Ich hatte Geld, ich hatte Frauen, ich hatte alle materiellen Güter dieser Welt — aber war ich glücklich? Nein, das einzige, was ich in mir fühlte, war eine Art lauwarmer Trägheit und Abgestumpftheit. Mein Herz war ständig am Verhungern, mein Herz war immer durstig. Ich war gefangen im Netz der Wünsche und Erwartungen anderer und fühlte mich verwirrt und unsicher. Ich wusste, dass ich bald König sein würde und mein Volk ohne Zweifel in den Krieg führen müsste, gegen ein benachbartes Volk, und dass dies nur Blutvergießen und Tod zur Folge hätte.

Wenn wir nach irdischer Macht und nach Ruhm streben, dann finden wir nichts als Leere. Mein Leben in Kapilavastu war alles andere als glücklich. Ich war spirituell unbefriedigt und spürte in mir nur Rast- und Ruhelosigkeit. Das Glück der Menschen ist nicht in Trägheit und Untätigkeit zu finden, sondern in der spirituellen Vervollkommnung. Denn die wahre Freude der Kinder Buddhas liegt nicht im weltlichen Erfolg, sondern im Streben nach der Weiterentwicklung unserer Seele und unserem Buddhawesen in Einklang mit dem Willen des Ewigen Buddha.

Wahre Erleuchtung liegt für die Kinder des Ewigen Buddhas genauso wenig in der Eleganz und im Komfort des Palastlebens wie in den Extremen der Askese. Wahre Erleuchtung, wahres Glück und wirklicher Friede sind weder in einem Übermaß an irdischem Vergnügen noch in extremem körperlichen Schmerz zu finden.

Der wahre Pfad zur Erleuchtung vermeidet Extreme und geht den Weg der Mitte. Ein ausgeglichenes Leben zu führen bedeutet den Weg der Mitte zu gehen, er wird zu einer Welt der perfekten Harmonie führen. Alle Menschen streben nach einem Leben in Harmonie. Um es zu erreichen, müssen wir uns auf diesem Weg der Mitte an den edlen Achtfachen Pfad halten. Bei Beachtung der Prinzipien von rechter Einsicht, rechter Gesinnung, rechter Rede, rechtem Tun, rechtem Leben, rechter Anstrengung, rechter Achtsamkeit und rechter Sammlung werden wir das wahre Königreich unseres Herzens, das wahre Königreich Buddhas finden.

Das wahre Glück der Menschen liegt in der spirituellen Freude und in der täglichen Weiterentwicklung und Vervollkommnung und wird umso intensiver, je weiter wir in die Tiefen des edlen Achtfachen Pfads vordringen.

EINGEHEN INS NIRWANA

Ich habe auf den vorigen Seiten niedergeschrieben, was sich im Herzen des Buddha Shakyamuni abgespielt hat, als er im Alter von 35 Jahren zur Erleuchtung gelangte. Während ich schrieb, habe ich all das, was er vor 2.500 Jahren erfahren hat, so klar vor mir gesehen, dass ich damit ganze Bücher füllen könnte. Aber begeben wir uns nun 45 Jahre weiter in der Geschichte, zu jenem Tag, als er im Alter von 80 Jahren ins Nirwana einging.

Er lag auf seiner rechten Seite unter den Sala-Bäumen in Kushinagara, seinen rechten Arm als Kissen unter seinen Kopf gelegt, seine linke Hand auf seinem schmerzenden Bauch. Als er ins Nirwana einging, kehrten seine Gedanken zu seinem Leben und seinen Schülern zurück:

In den 45 Jahren, seit ich zur Erleuchtung gelangt bin, habe ich immer danach gestrebt, Gutes zu tun, und habe die Wahrheit gepredigt. Nun aber ist die Zeit für mich gekommen, meinem Körper ade zu sagen. Alle Dinge sind vergänglich, und ich fühle mich nicht mehr mit Dir verbunden, mein müder, alter Körper. über 40 Jahre lang habe ich die Menschen die Wahrheit Buddhas gelehrt und ihnen den Weg zu einem idealen Leben beigebracht. Diese Lehren sind jetzt mein wahrer Körper.

Ich muss Euch Dank sagen, meine Schüler, dass Ihr mir all die Jahre hindurch gefolgt seid, auf meine persönlichen Bedürfnisse geachtet habt und mir geholfen habt, die Lehre zu verbreiten. Dank Eurer Bemühungen zählt der Sangha, die Brüderschaft meiner Anhänger, bereits 5000 Personen, und daneben gibt es über ganz Indien verstreut noch hunderttausende Laienanhänger. Ihr habt gegen religiöse Verfolgung gekämpft und seid unseren Feinden entkommen, um die

Wahrheit Buddhas zu verbreiten. Ohne Euch hätte ich all das nicht erreicht, was ich erreicht habe, und ich bete darum, dass Ihr diese Aufgabe auch fortführt, wenn ich nicht mehr unter Euch bin.

Ich freue mich darauf, Dich wiederzusehen, Shariputra. Du hast diese Welt bereits vor einigen Jahren verlassen, aber ich freue mich darauf, Dich in der wirklichen Welt wieder zu treffen; dann können wir auch unsere Gespräche fortsetzen. Du hast mir beim Erfüllen meiner Aufgabe sehr geholfen, und es verwundert mich nicht, dass Du den Beinamen „Meister der Weisheit" bekommen hast. Du warst immer ein guter Zuhörer, und es hat Freude gemacht, zu Dir zu sprechen. Manchmal hast Du mich mit Deinen dummen Fragen zum Lachen gebracht, aber Du hast mit diesen Fragen sicherlich all jenen Personen geholfen, die dieselben Fragen stellen wollten, aber nicht den Mut dazu hatten.

Mahamaudgalyayana, Dich nannte man den „Meister der psychischen Fähigkeiten". Nicht einmal mir selbst gelang es, meine Tränen zurückzuhalten, als ich hörte, dass Du von Ungläubigen getötet wurdest. Ich kann Dich vor mir sehen, wie Du, reitend auf einer leuchtenden Wolke, kommst, um mich zu treffen.

Mahakatyayana, Du warst der „Meister der Diskussion und der Exegese" und hast meine Lehren immer so interpretiert, dass sie alle verstanden haben. Ich bin mir sicher, dass Du auch dann, wenn ich nicht mehr hier sein werde, meine Leh-

ren den Menschen in abgelegenen Gebieten zukommen lassen
wirst. Du solltest in die Region Avanti im Westen von Indi-
en gehen und Dein Werk dort fortsetzen.

Subhuti, Du warst der „Erklärer der Leerheit des Seienden".
Du hast Dich nie von materiellen Dingen verführen lassen
und hast meine Lehren der Selbstlosigkeit und Leere schnell
begriffen. Mach so weiter mit Deinen Studien: Lass nie nach
und hör nie damit auf!

Aniruddha, ich habe Dich einmal schwer dafür getadelt,
dass Du während meiner Predigt eingeschlafen bist. Das hat
Dich dazu gebracht, ohne Pause, Tag und Nacht, zu meditieren, bis Du letztendlich sogar Dein Augenlicht eingebüßt
hast. Zum Glück hast Du gelernt, Dich Deines spirituellen
Auges zu bedienen und wurdest bekannt als der „Meister in
der Verwendung des Himmlischen Auges". Du warst immer
so jung und unschuldig, jetzt wird auch Dein Haar langsam
grau.

Purnamaitreyaniputra vom Geschlecht der Shakya, Du
warst immer ein kluger Mann und bekamst den Namen
des „Meisters im Predigen". Du und Purna, die Ihr beide
vorhabt, in den Westen zu ziehen und dort meine Lehre zu
verbreiten, Ihr werdet gute Rivalen werden.

Mahakasyapa, Du wirst eine Woche zu spät hierher kommen und wirst daher bei meinem Dahinscheiden nicht anwesend sein. Du wirst böse sein auf Ananda, der mir, ohne

es zu wollen, giftige Pilze zu essen gegeben hat und dadurch meinen Abschied von dieser Welt beschleunigt hat. Du wirst versuchen, ihn aus unserer Gemeinschaft auszuschließen und wirst noch bittere Tränen vergießen. Du bist bekannt als der „Meister der Disziplin" und hast immer an den Details unserer spirituellen Übungen gehangen. Nach meinem Tod solltest Du aber die kleinen, unwichtigen Regeln besser außer acht lassen.

Upali, Du warst der „Meister im Aufrechterhalten der Ordnung" in der Gemeinschaft. Du hast Deine Aufgabe immer gut erfüllt und bist zu allen, die Du getroffen hast, immer höflich gewesen. Du wurdest in eine niedrige Kaste hineingeboren, aber jetzt bewegst Du Dich unter den Nobelleuten, ohne auch nur eine Spur jeglicher Eingeschüchtertheit. Du hast große Fortschritte gemacht, ich bin stolz auf Dich.

Rahula, mein Sohn, Du hast Dich den spirituellen Übungen unter der Leitung Shariputras im Geheimen gewidmet und wurdest deshalb bezeichnet als der „Meister der von allen unbemerkt durchgeführten spirituellen Übungen". Du solltest mein Nachfolger werden, aber Du bist schon so jung gestorben. Als Dein Vater auf der Erde konnte ich nichts für Dich tun; ich hoffe, dass Du im Himmel von Glück und Freude umgeben bist.

Jivaka, Du bist der größte Arzt auf der ganzen Welt. Du hast in der Vergangenheit immer wieder meine Krankheiten geheilt; allein dieses Mal stehst auch Du meiner Krankheit *machtlos gegenüber. Alle Dinge sind vergänglich, und so wie Du das Fließen eines Stromes nicht aufhalten kannst, so kann auch mein Leben auf dieser Erde nicht weiter verlängert werden.*

Ach, wenn ich Euch so vor mir sehe, meine geliebten Schüler, dann muss ich immer daran denken, wie es Euch wohl ergehen wird, wenn ich nicht mehr unter Euch bin. Aber ich möchte, dass Ihr folgendes niemals vergesst: Mein Körper mag zwar nicht mit Euch sein, aber meine Lehren werden tausende von Jahren als Nahrung für die menschliche Seele weiterbestehen.

Meine Schüler, ich möchte, dass Ihr diese meine letzten Worte für immer in Eurem Gedächtnis behaltet.

Mein Leben ist wie der Vollmond; wenn ich nicht mehr unter Euch bin, bedeutet das nicht, dass ich nicht mehr existiere, es liegen nur die Wolken des Todes zwischen uns. Ich bin nach wie vor da und scheine so hell wie der Mond, auf der anderen Seite der Wolken. Denn das Leben scheint für immer, es kennt kein Ende.

Wenn ich nicht mehr unter Euch bin, dann nährt Eure Herzen von den Lehren, die ich die letzten 45 Jahre lang gepredigt habe. Ihr braucht niemanden mehr, der Euch den Weg erleuchtet, denn Ihr habt ein Licht in Euren Seelen, das immer vor Euch leuchten wird, wohin Ihr auch geht. Werdet stark durch die Worte, die ich Euch gelehrt habe, und macht von ihnen Gebrauch, um die Menschen zu retten.

Wenn ich nicht mehr unter Euch bin, dann denkt an all das, was ich über das Licht in Euch gesagt habe, und lebt ein Leben nach dem Gesetz. Hört auf meine letzten Worte. Alles in dieser Welt kommt und vergeht; seid nicht müßig und ruht nicht eher, als bis Ihr Eure Erleuchtung gefunden habt!

Shakyamuni versiegte angesichts des nahen Todes beinahe die Stimme, als er diese letzten Worte sprach; aber seine Schüler hatten das Tor zu ihrem Herzen weit geöffnet und konnten seine innersten Gedanken hören. Diese schrieben sie später in den Nirwana-Sutras nieder.

4.9 Die Erleuchtung der 9. Dimension

Die Erleuchtung des Buddha Shakyamuni übertraf sogar die von Jesus Christus, sie war die höchste Stufe, die je ein Mensch erreicht hat. Leider war es Shakyamuni jedoch nicht möglich, sein Wissen über das Universum, das er in den 45 Jahren seines Erdenlebens angehäuft hatte, an seine Schüler weiterzugeben. Nur wenige von ihnen erreichten nämlich während ihres Lebens den Erleuchtungsgrad des Reichs der Nyorai, und so war es für sie sehr schwierig, die Schöpfung der Welt oder ihre multidimensionale Struktur zu verstehen.

Zu jener Zeit bestand Indien aus einer großen Anzahl von Staaten, die einander gegenseitig bekriegten, und selbst wenn

Shakyamuni die Wahrheiten über das Universum, die weit über den damaligen Wissensstand hinausgingen, gepredigt hätte, er hätte damit die Seelen der Menschen auch nicht retten können. Aus diesem Grund konzentrierte er sich auf die Lehre des edlen Achtfachen Pfades, um den Menschen zumindest auf die Bewusstseinsstufe des Arakan zu verhelfen.

Um den Zustand der Erleuchtung der 9. Dimension zu erreichen, müssen zunächst die folgenden drei Bedingungen erfüllt sein.

Vollkommene Beherrschung des Gesetzes und so vieler Lebensbereiche wie nur möglich. Das wird die Menschen in die Lage versetzen, vor jedem Publikum spontan sprechen zu können.

Volle Kenntnis über die Entstehung der Menschheit; dies schließt auch das Wissen über die Struktur des Universums und die Geschichte der Welt mit ein.Kenntnis der multidimensionalen Struktur des Universums, also Wissen über die 4. Dimension und alle darüberliegenden.

Shakyamuni selbst war ein Meister der spontanen Rede (Punkt 1). Seine Kenntnisse bezüglich der Schöpfung erhielt er, als er unter dem Bodhi-Baum zur Erleuchtung gelangte und das Geistwesen in ihm eins wurde mit dem Universum. Sein Wissen um das multidimensionale Universum, die wirkliche Welt, findet Ausdruck in seinem Gesetz des Karma.

Die Erleuchtung der 9. Dimension bewirkt auch die Beherrschung der sechs göttlichen Kräfte, unter ihnen die Fähigkeit, Vergangenheit, Gegenwart und Zukunft der Menschheit auf einen Blick zu erkennen. Shakyamuni erkannte die Gefahr, die darin liegt, wenn Menschen psychische Kräfte für ihre eigenen Zwecke missbrauchen und machte deshalb außer von der Kraft des Gedankenlesens nur wenig Gebrauch von seinen Kräften. In Kapitel I habe ich erwähnt, dass die Erleuchtung der 9. Dimension von zehn großen Führungsgeistern des Lichts verkörpert wird. Es folgt eine Auflistung dieser zehn, zusammen mit ihren derzeitigen Rollen und Aufgaben (Stand: 1994):

HAUPTHIMMEL

Shakyamuni (El Cantare)
der mächtigste aus der Gruppe der terrestrischen Geistwesen.
– Schaffung eines neuen Zeitalters und Aufbau einer neuen Zivilisation

Jesus Christus (Amor)
– Entscheidet über die Richtlinien im Reich des Himmels.

Konfuzius (Therabim)
– Planung der Evolution der Gruppe der terrestrischen Geistwesen und Beziehungen zu anderen Sternen.

Manu
– Rassenproblematik.

Maitreya
– Brechung des Lichts Buddhas

Newton
– Wissenschaft und Technik

Zeus (die tatsächliche Person hinter dem Mythos)
– Musik, Kunst und Literatur

Zarathustra
– Moralische Perfektion

NEBENHIMMEL
Mose (Morya)
– Hauptverantwortlicher für die Auflösung der Hölle und Überwachung von Wundern

Enlil
– Führung des Reichs der Hexerei (Arabien), des Yoga-Reichs (Indien), des Sennin-Reichs (China) und des Sennin/Tengu-Reichs (Japan; Rachegötter)

In diesem Kapitel habe ich mich mit den einzelnen Stufen der Erleuchtung bis hin zur 9. Dimension beschäftigt. Es gibt zwar noch die Erleuchtung der 10. Dimension, allerdings handelt es sich bei deren Bewohnern um die drei Bewusstseinswesen, das Große-Sonnen-Bewusstsein, das Mond-Bewusstsein und das Erd-Bewusstsein, so dass diese Stufe der Erleuchtung ohnehin nicht von einem Menschen aus Fleisch und Blut erreicht werden kann. Es ist ein Zustand der Erleuchtung, der keinerlei menschliche Elemente mehr aufweist – eine riesige Lichtkugel mit einem auf ein großes Ziel ausgerichteten Bewusstsein.

Das Gesetz der Sonne

· V ·

DAS GOLDENE ZEITALTER

5.1 *Vorboten einer neuen Zivilisation*

Das 20. Jahrhundert ist vorbei, und wir stehen an der Schwelle zu einem neuen Jahrtausend – was wird es uns bringen? Was für Menschen werden in dieser neuen Zeit leben? Viele von uns erwarten das 21. Jahrhundert mit einer Mischung aus Angst und Erwartung.

Doch es gibt auch schon in unserer gegenwärtigen Gesellschaft Anzeichen eines neuen Zeitalters – Vorboten einer neuen Zivilisation. Wir befinden uns in einer Übergangsperiode, in der Altes untergeht und Neues entsteht. Die Samen des neuen Zeitalters sind bereits gesät. Nun ist es die Aufgabe jener, die bereits heute sehen können, was uns die Zukunft bringen wird, die Menschheit davon in Kenntnis zu setzen.

Vor etwa 10.000 Jahren musste die Menschheit im Sinken von Atlantis die Zerstörung einer alten Zivilisation mit ansehen. Das Ende eines Zeitalters bedeutet jedoch immer den Beginn eines neuen, und so dauerte es nicht lange, bis sich – diesmal in Ägypten – eine neue Zivilisation entwickelte, die nun schon bereits knapp 10.000 Jahre anhält ... aber mit dem Ende des 20. Jahrhunderts blickt auch sie ihrem Untergang entgegen.

In dieser Zeitspanne von 10.000 Jahren haben sich überall auf der Welt eigenständige Kulturen entwickelt, so z. B. in Ägypten, Persien, China, Europa, Amerika und Japan. Sie alle haben eines gemeinsam – die Beherrschung durch den *Intellekt*. Die Menschen versuchen heutzutage, die Welt, die sich um sie herum befindet, mit Hilfe des Intellekts zu erklären; das Zeitalter, in dem wir leben, könnte daher mit Recht als Zeitalter des Intellekts bezeichnet werden.

Die Bewohner von Atlantis hingegen gründeten eine Kultur, die auf der *Vernunft* basierte, wobei der große Nyorai Maitreya sowie Kuthumi (uns besser bekannt als Archimedes und Isaac Newton) maßgeblich an der Gründung dieser Kultur beteiligt waren.

Der Zivilisation von Atlantis ging die Zivilisation von Mu voraus, die vor etwa 15.000 Jahren auf dem Kontinent Mu im pazifischen Ozean ihre Blütezeit erlebte. Im Mittelpunkt dieser Kultur stand die *Lichtenergie*. Diese wurde sowohl vom wissenschaftlichen als auch vom religiösen Standpunkt auf das Genaueste untersucht, und das höchste Ziel der Bevölkerung war, die eigene Kraft des Lichtes zu verstärken.

Vor Mu gab es jedoch noch weitere Zivilisationen, beispielsweise jene, die vor etwa 27.000 Jahren oder noch früher auf dem

Kontinent von Lamudia, einer Landmasse im Indischen Ozean, entstand. Die Menschen dieser Zivilisation beschäftigten sich vor allem mit ihrer *Sinneswelt* und der Weiterentwicklung der fünf Sinne. Während der Name El Cantare (Buddha) eng mit der Schaffung der Zivilisation von Mu verbunden ist, war diese auf Sensibilität und feinen Sinneswahrnehmungen basierende Zivilisation von Lamudia in erster Linie das Werk von Manu und Zeus. Ihre Bewohner trainierten ihre Sinne, bis die besten unter ihnen so weit kamen, dass sie 3000 Farben und 2500 Gerüche unterscheiden konnten.

Begeben wir uns noch weiter zurück in die prähistorische Zeit, so stoßen wir auf einem Kontinent namens Myutram auf eine weitere Zivilisation, die allerdings bereits vor nicht weniger als 153.000 Jahren ihren Untergang fand. Damals war die Neigung der Erdachse ganz anders als heute, und die Landmasse, die uns heute als Antarktis bekannt ist, lag in der gemäßigten Zone und trug den Namen Myutram. Dieser Kontinent verschwand nicht wie Mu und Atlantis im Meer, sondern wurde, als sich die Erdachse in ihre heutige Stellung drehte, von einer dicken Eisschicht bedeckt, unter der die meisten der einheimischen Lebensformen ihren Tod fanden. Eine vage Erinnerung an dieses Ereignis ist uns geblieben, wir nennen es die „Eiszeit". Über die Jahrtausende hinweg hat der Kontinent zwar seine Form leicht verändert, unter dem ewigen Eis sind aber noch immer viele Spuren seiner früheren Zivilisation eingeschlossen.

Der Zivilisation von Myutram ging ihrerseits die Zivilisation von Garna voran, und zwar vor etwa 735.000 Jahren. Damals waren Afrika und Südamerika noch ein einziger Kontinent, der Kontinent Garna. Die Kultur, die sich dort entwickelte, stützte sich auf die Prinzipien von *Psychischen Kräften*. Doch eine plötzliche Verschiebung der Erdkruste ließ den Kontinent auseinanderbersten, und seine Zivilisation fand in dem darauffolgenden Erdbeben, das heute einem Erdbeben der Stärke 10 auf der Richter-Skala entsprechen würde, ihren Untergang.

5.2 Die Zivilisation von Garna

Das, was ich hier beschreibe, mag für einige Leser vielleicht ungewöhnlich klingen. Ich möchte aber betonen, dass es sich hierbei nicht um einen billigen Science Fiction-Roman handelt. Was ich hier schreibe, ist die tatsächliche Geschichte der Welt, reine Fakten, die ich durch meine spirituellen Verbindungen erfahren habe. Ein Verständnis dessen, was in der Vergangenheit geschehen ist, wird uns helfen, auch die Zukunft und die Kulturen, die in ihr leben werden, besser zu verstehen.

Während der 400 Millionen Jahre menschlicher Geschichte sind eine große Anzahl von Zivilisationen entstanden und wieder versunken, ähnlich dem Schaum des Wassers auf einem Fluss. Es hat keinen Sinn, all diese Kulturen im Detail zu besprechen; für unsere Zwecke ist es ausreichend, das zu studieren, was für unser Verständnis der Gegenwart und der Zukunft von Nutzen sein könnte. Aus diesem Grund werde ich mich bei meinen Ausführungen an die Akasha-Chronik halten — eine Sammlung von Aufzeichnungen aus der wirklichen Welt über die Geschichte unserer Erde — und einen kurzen Überblick über die Geschichte der wichtigsten Kulturen in der letzten Million von Jahren geben, wobei ich mit der Zivilisation von Garna beginnen möchte.

Der Kontinent Garna entstand aufgrund eines Vulkanausbruchs unvorstellbaren Ausmaßes, der sich vor etwa 962.000 Jahren am Meeresboden ereignete und in dessen Folge sich eine riesige Landmasse aus dem Wasser erhob, zwischen den heutigen Kontinenten Afrika und Südamerika. Eine heftige Verschiebung der Erdkruste vor etwa 735.000 Jahren, wie sie noch nie zuvor dagewesen war, spaltete schließlich diesen Superkontinent in zwei Teile, was das Ende des auf ihm entstandenen Lebens zur Folge hatte.

Während dieser Zeitspanne gab es auf dem Kontinent nicht weniger als vier verschiedene Zivilisationen, wovon allerdings nur die letzte, die wir als *Garna-Zivilisation* bezeichnen wollen, für uns von Interesse ist. Diese Zivilisation beherrschte den Kontinent während der letzten 25.000 Jahre seines Bestehens.

Die Frauen der Garna-Zivilisation wurden aufgrund ihrer Fähigkeit, Kinder auf die Welt zu bringen, als etwas Besonderes betrachtet. In einer Sage aus dieser Zeit heisst es: „Gott schuf den Mann und die Frau ebenbürtig. Dem Mann gab er psychische Kräfte, damit er sich und die Seinen schützen konnte, der Frau gab er den weiblichen Schoß, auf dass sie ihr Volk vermehren konnte". Zu jener Zeit glaubte man, dass die Gebärmutter einer Frau mit psychischen Kräften ausgestattet war, so dass die Frau mit der Welt der Geistwesen in Kontakt treten und eines davon als ihr zukünftiges Kind zu sich rufen konnte. Die werdende Mutter besprach dann alle wesentlichen Punkte mit dem Geistwesen, sodass beide Seiten mit der Vereinbarung glücklich waren und niemals die Notwendigkeit einer Abtreibung bestand.

Die Garna-Zivilisation bestand aus acht Völkern, die sich ständig um der Vorherrschaft willen bekriegten. Es war daher nötig, sich vor feindlichen Angriffen zu schützen, wobei den Männern hier ihre psychischen Fähigkeiten sehr zu Hilfe kamen.

Leider beschäftigten sich die Bewohner der Garna-Zivilisation bei ihrer Suche nach der Wahrheit einzig mit der Weiterentwicklung ihrer psychischen Fähigkeiten, nicht aber mit der Welt ihres Herzens. So kam es, dass die meisten von ihnen nach dem Untergang ihrer Zivilisation, als sie in die wirkliche Welt zurückkehrten, nur einen Platz in den Nebenhimmeln, im Sennin- oder Tengu-Reich oder dem Reich der Hexerei, fanden.

Die Garna-Zivilisation mit ihrer Betonung der psychischen Kräfte ging ihrem Untergang an einem Herbstabend vor etwa 735.000 Jahren entgegen. Aus dem Erdinneren war plötzlich ein fürchterliches Grollen zu vernehmen, und die Erde spaltete sich auf einer Länge von 100 Kilometern in Nord-Süd-Richtung, mitten durch das Zentrum von Ecarna, der kulturellen Hauptstadt des Landes. Der Spalt füllte sich mit Meerwasser und gab drohend Zeugnis von dem unmittelbar bevorstehenden Auseinanderbersten des Kontinents. Drei Tage später erschütterte ein

Erdbeben der Stärke 10 die Stadt und riss sie in zwei Teile. Alle 300.000 Einwohner von Ecarna starben an einem einzigen Tag.

Der Riss, welcher schließlich den Kontinent spaltete, weitete sich aus, bis er mehrere tausend Kilometer lang war. Bis zur endgültigen Spaltung sollten noch weitere zehntausend Jahre vergehen, aber irgendwann war es dann soweit. Die zwei Teile des Kontinents bewegten sich immer mehr auseinander und bildeten letztendlich das, was wir heute als Afrika und Südamerika kennen.

Im Südosten von Garna gab es eine Stadt namens Emilna, deren Bewohner großes Geschick im Voraussagen der Zukunft hatten. Und so sahen einige von ihnen die kommende Katastrophe voraus und flohen in einem Schiff auf einen neuen, unbewohnten Kontinent im Süden. Ihre Flucht ist bei uns als die Legende der Arche Noah in die Geschichte eingegangen. Doch diese Menschen hatten nicht nur ihre fähigsten Mitbürger verloren, sondern auch alle Kräfte und Talente, die ihrer Zivilisation mitgegeben worden waren, und so dauerte es nicht lange, bis sie nicht mehr waren als ein einfaches Bauernvolk. Selbst die Macht, die mit ihren psychischen Fähigkeiten verbunden war, war ihnen abhanden gekommen.

5.3 Die Zivilisation von Myutram

Der neue Kontinent wurde Zeuge einer Reihe von Zivilisationen, von denen als wichtigste die Myutram-Kultur zu nennen ist, die dem Kontinent ihren Namen gab und ihre Blütezeit von vor 300.000 Jahren bis vor 153.000 Jahren hatte. Das Gebiet der heutigen Antarktis fällt zu 80 Prozent mit dem Kontinent Myutram zusammen, aber da die Erdachse damals anders geneigt war als heute, lag der Kontinent in der gemäßigten Klimazone. Seine Bewohner ernährten sich von der Landwirtschaft und bauten Getreide an, das unserem Weizen sehr ähnlich war.

Die Myutram-Kultur zeichnete sich insbesondere durch ihre Forschungen im Bereich der Ernährungswissenschaften aus. Man beschäftigte sich damit herauszufinden, welche Nahrungsmittel und welche Kombinationen von Nahrungsmitteln am gesündesten und am besten für Körper, Geist und die spirituelle Entwicklung der Menschen waren. Alle Aspekte der Nahrung wurden untersucht: Welche Lebensmittel führen dazu, dass die Menschen ruhig werden? Welche Fleischsorten verbessern unsere Reflexe? Welche Molkereiprodukte sollten wir wie oft am Tag essen, um unsere Lebenserwartung zu verlängern? Welche Alkoholsorten haben positive Auswirkungen auf unser Gehirn? etc.

Außerdem hatte jeder Bereich der Ernährungswissenschaft seine Experten – manche beschäftigten sich mit Nahrungsmitteln zur Verlängerung der Lebenserwartung, andere mit solchen, die den Menschen mehr Kraft verliehen oder ihr Gedächtnis verbesserten. Auch die Erziehung und Schulbildung der Kinder (die jedoch nicht so streng wie im heutigen Japan war) hatte in erster Linie das Ziel, solche Experten heranzubilden. Die Folge davon waren eine Unmenge von Aufzeichnungen über die Beziehung zwischen Essgewohnheiten und der menschlichen Psyche.

Zum Unterschied von den Bewohnern Garnas, die ein kriegerisches Volk waren, aber großen Wert auf spirituelle Kräfte gelegt hatten, waren die Bewohner von Myutram friedliebend und zeigten kein Interesse für das Spirituelle. Es wäre daher wohl nicht falsch, sie als die erste von materialistischen Werten geprägte Kultur zu bezeichnen. Die Wichtigkeit der von ihnen geleisteten Forschungsarbeit im Bereich der Ernährungswissenschaften steht außer Zweifel; allerdings führte die Überbetonung der Ernährungsfragen zu einer Vernachlässigung der ursprünglichen Aufgabe der Menschheit – dem Studium der Seele und der spirituellen Vervollkommnung.

Viele jener Personen, die sich heute so intensiv mit Ernährungsfragen und Diäten beschäftigen, haben ohne Zweifel mehrmals in der Zivilisation von Myutram gelebt und die Faszination des Experimentieren und Analysierens von Nahrungsmitteln noch nicht vergessen.

Die Zivilisation von Myutram erreichte ihren Höhepunkt vor etwa 160.000 Jahren. Damals stieg Morya in der Gestalt eines Heiligen namens Emula auf die Erde herab und verkündete den Menschen das Anbrechen einer neuen Zeit unter dem Motto „Weg von der Welt der Ernährung hin zur Welt des Herzens!" Aber seine Bemühungen blieben ohne Erfolg, da er wegen seiner Geringschätzung der Traditionen Myutrams verfolgt wurde. Eines vermochte er aber doch zu bewirken: Ein Umdenken in den Menschen, die sich nun plötzlich zu fragen begannen, ob es in der Welt nicht doch noch etwas anderes als bloß Ernährungsfragen gab. In dieser Hinsicht war Morya vielleicht der Vorkämpfer all jener modernen religiösen Bewegungen, die sich gegen ein Übermaß an materialistischen Werten richten.

Vor nunmehr 153.000 Jahren hatte eine Veränderung in der Neigung der Erdachse fatale Auswirkungen. Myutram verschob sich in die arktische Klimazone, und dieser Klimawechsel hatte das Ende der Myutram-Zivilisation zur Folge.

Eines Abends bemerkten die Menschen, dass sich der Himmel seltsam rot färbte, ganz anders als bei einem Sonnenuntergang. Es sah aus, als ob er voll von Blut wäre, aber keiner der Wissenschaftler hatte eine Erklärung für dieses Phänomen. Um etwa 22 Uhr schienen die Sterne plötzlich vom Himmel zu fallen, aber nicht wie bei einem Kometenregen – die Sterne selbst schienen ihre Lage zu verändern! In Wahrheit war es allerdings die Erde, die sich drehte, wie ein Wasserball, wenn er aus dem Wasser auftaucht, und als sie wieder zur Ruhe kam, stand ihre Rotationsachse in einem völlig neuen Winkel zur ekliptischen Ebene.

Die Auswirkungen ließen nicht lang auf sich warten. In den darauffolgenden Monaten fiel Schnee in der sonst gemäßigten Klimazone von Myutram, und der Boden begann zu frieren. Das bedeutete für das von der Landwirtschaft lebende Volk auf Myutram das Aus, und für viele Menschen den Tod durch Verhungern.

Einige überlebten noch zwei oder drei Jahre in einer unterirdischen Stadt. Zu allem Unglück hatte aber auf Myutram gerade die Monsunzeit begonnen, so dass der Regen in Form von Schnee auf die Erde fiel, etwa 5 Meter innerhalb von weniger als zwei Wochen. Die Hauptstadt La Myute erstickte regelrecht im Schnee. Nur einigen ihrer Bewohner gelang auf Schiffen die Flucht, und diese ließen sich auf einem neuen Kontinent nieder.

5.4 Die Zivilisation von Lamudia

Zu der Zeit, in der wir uns befinden, gab es im Indischen Ozean noch keinen Kontinent, nur eine Insel, etwa zweimal so groß wie Japan. Auf dieser Insel ließen sich die Flüchtlinge aus Myutram nieder. Vor etwa 86.000 Jahren hob sich diese Insel aber plötzlich, bis sie nach einem Jahr gewaltige Ausmaße annahm: Sie erstreckte sich von Osten nach Westen über 3.500 km und von Norden nach Süden über 4.700 km. Lamudia, der zu seiner Zeit größte Kontinent der Erde, war geboren. Bäume und Pflanzen bedeckten seine Oberfläche, und der Boden war äußerst fruchtbar.

Vor etwa 44.000 Jahren wurde in Lamudia ein Heiliger namens Elemaria geboren, jener Mann, der später im antiken Griechenland als Zeus bekannt werden sollte. Elemaria legte auf künstlerischem Gebiet, besonders in der Literatur, den bildenden Künsten und der Musik, großes Talent an den Tag und bediente sich dessen, um den Menschen die Freude über das Leben und die Herrlichkeit Gottes vor Augen zu führen. So bekam die Zivilisation von Lamudia einen hervorragenden Ruf für ihre Kreativität, was künstlerische Betreffe anlangte. Die Bewohner waren Meister in den Bereichen Musik, bildende Künste, Literatur, Poesie,

Architektur und Bildhauerei. Viele der heute lebenden Künstler verdanken ihre Fertigkeiten einem früheren Leben in Lamudia.

Nach dem Tod des großen Elemaria beglückte auch Manu den Kontinent Lamudia mit seiner Gegenwart. Manu wurde vor 29.000 Jahren unter dem Namen Margarit geboren, was soviel bedeutet wie „der große Mitstreiter". Dieser Name wurde ihm aus zwei Gründen gegeben. Zum ersten war er der große Mitstreiter und Konkurrent des heiligen Elemaria, der damals bereits als allmächtiger Gott verehrt wurde, zum zweiten lehrte er die Stämme den Konkurrenzkampf auf dem Gebiet der Kunst.

Das bedeutet, Manu – oder der *Große Meister Margarit* – führte als erster das Prinzip des Konkurrenzdenkens in der Kunst ein. Zu diesem Zweck teilte er die fünf Künste – Musik, Malerei, Literatur, Architektur und Handwerkskunst – auf die fünf Stämme auf und ermunterte sie dazu, in ihrem Kunstbereich nach Perfektion zu streben. Alle drei Jahre wurde ein Wettbewerb organisiert, bei dem das beste Kunstwerk prämiiert wurde. Der Stamm, dessen Kunstwerk die beste Bewertung erhielt, durfte bis zum nächsten Wettbewerb die Regierung des Landes übernehmen. Wenngleich sich der Wettbewerb auch nur im Rahmen der Künste abspielte, so kann man doch aufgrund der Tatsache, dass es eine absolut faire Angelegenheit war und dem Gewinner während einer bestimmten Zeitdauer die Macht der Regierung übertragen wurde, behaupten, dass es sich dabei um eine Art

Prototyp der Demokratie gehandelt hat. Durch seine Lehre, dass die Kunst am Ende zu Gott führt, trug der große Meister Margarit auch wesentlich zur Vereinigung von Staat und Kirche bei.

Die Zivilisation von Lamudia fand vor etwa 27.000 Jahren ein jähes Ende. Es war ein heißer Nachmittag im Sommer, und die Bewohner lauschten gerade einem Konzert. Als Freunde der Kunst waren sie daran gewöhnt, jeden Nachmittag zwei Stunden lang Musik zu hören, und so traf sie die Katastrophe völlig unerwartet. Die Luster an der Decke begannen plötzlich wie wild zu schaukeln und das Fensterglas brach. Die riesige, moderne Konzerthalle war binnen Minuten dem Erdboden gleichgemacht; der östliche Teil des Kontinents versank im Meer.

Gegen vier Uhr nachmittags war der Kontinent bereits zur Hälfte verschwunden, und am nächsten Morgen, als die Sonne um sieben Uhr aufging, schien sie nur mehr auf eine große weite Meeresfläche. Nichts war von dem Kontinent übrig geblieben — einzig und allein die Leichen unzähliger Menschen, mit denen die Wellen des Indischen Ozeans zu spielen schienen. Mit einem Schlag war die Zivilisation von Lamudia vernichtet worden, mit einem Schlag hatte die gesamte Bevölkerung von 2 ½ Millionen in den Tiefen des Ozeans ihr Grab gefunden. Gut oder böse, es gab keine Überlebenden.

Aber die Kultur von Lamudia lebte fort, denn es existierte eine Kolonie auf dem Kontinent Moa, der später als Mu bekannt wurde.

5.5 Die Zivilisation von Mu

Der Kontinent Mu im Pazifischen Ozean hatte sich vor 370.000 Jahren aus dem Meer erhoben und war damit geologisch älter als Lamudia. Über die Jahrtausende hinweg änderte sich mehrmals seine Form, aber gegen Ende der Zivilisation von Lamudia war er etwa doppelt so groß wie Australien und befand sich an der Stelle des heutigen Indonesiens.

Mu war schon seit mehreren hunderttausend Jahren besiedelt, aber seine Bevölkerung war auf kulturellem Gebiet nicht sehr fortgeschritten. Im Norden lebten die Menschen vom Fischfang, im Süden von der Jagd und im Zentrum des Kontinents von der Landwirtschaft. So kam die höher entwickelte Bevölkerung von Lamudia bald auf den Gedanken, Mu zu kolonisieren. Sie bauten eine riesige Flotte von Segelschiffen und fielen seit etwa 28.000 Jahren in die wichtigsten Städte des Kontinents ein. Viele der Ureinwohner wurden nach Lamudia gebracht, wo sie als Sklaven niedrige Dienste verrichten mussten, so dass sich ihre Herren in aller Ruhe den Künsten widmen konnten. Diese Diskrepanz zwischen den Menschen förderte die Entstehung von schwarzen Wolken dunkler Energie bei den Unterworfenen und führte die Zivilisation von Lamudia ihrem Ende entgegen – und den Kontinent in die Tiefen des Meeres.

Die Städte auf Mu mögen zwar nicht mehr als Kolonien gewesen sein, aber auch in ihnen machte sich nach und nach die Kultur von Lamudia breit. Erst nach der Zerstörung Lamudias begann sich auf Mu allmählich eine eigenständige Kultur zu entwickeln.

Vor etwa 20.000 Jahren kam Escallent – in einem späteren Leben Zarathustra – auf den Kontinent Mu. Die Lehre dieses heiligen Escallent konzentrierte sich auf die wissenschaftliche Energie des Sonnenlichts. Für ihn war die Kraft des Lichts auf zwei Arten zu verstehen: Erstens war das Licht heilig, weil es das Symbol für die Verherrlichung Gottes war, und zweitens war es ein Gegenstand des täglichen Bedarfs.

Als Zeichen der Verehrung des Lichts lehrte er die Menschen, ihre Hände zu falten, sich zu verbeugen und auf ein Knie zu fallen, wann immer sie eine Lichtquelle sahen, sei es die Sonne, der Mond oder auch ein künstliches Licht in einem Raum. Dieses Zeichen des Respekts ist auch heute noch in der östlichen Kultur in Form der Verbeugung zu finden.

Als Zeichen der praktischen Verwendung des Lichts schuf Escallent mit Hilfe von Kuthumi (dem späteren Archimedes und Newton) und Enlil (einem Genie auf dem Gebiet der Wissenschaften) – zwei Geistwesen aus der wirklichen Welt – Wege, um die Kraft des Lichts zu verstärken. Anstelle von Generatoren verwendeten die Menschen damals große Lichtverstärker, um ihre Räume zu beleuchten, ihre Schiffe anzutreiben und um Energie für die Industrie zu schaffen.

Im Zentrum jeder Stadt stand eine silbrig glänzende Pyramide mit dreieckiger Grundfläche und einer Seitenlänge von 30 m, die das Sonnenlicht absorbierte, verstärkte und an kleinere Pyramiden mit einer Seitenlänge von 10 m weitergab, die an mehreren Stellen der Stadt aufgestellt waren. Diese wiederum gaben die Energie an Pyramiden mit einer Seitenlänge von einem Meter weiter, die am Dach jedes Hauses befestigt waren.

Diese Form der Pyramidenkraft wurde an die Zivilisation von Atlantis weitergegeben und entspricht vom Prinzip her dem, was wir heute unter der Kraft der Pyramiden verstehen. Es wurden also schon damals die Grundsteine für unser wissenschaftliches Zeitalter gelegt.

5.6 Das Zeitalter von La Mu

Die Zivilisation von Mu erreichte ihre Blütezeit vor etwa 17.000 Jahren, während des Zeitalters von La Mu. Zu dieser Zeit glaubten bereits alle an die heilige Natur der Sonne und die Verwendung der Solartechnik. La Mu war eine frühe Inkarnation des Buddha Shakyamuni und wurde auf dem Kontinent Moa, dem späteren Mu, geboren. Sein Name bedeutet so viel wie „Herrscher des Lichts von Mu".

La Mu, der sehr zufrieden war mit der wissenschaftlichen Kultur, die sich auf dem Kontinent entwickelt hatte, spürte, dass nun der ideale Zeitpunkt gekommen war, das Reich Gottes auf Erden Wirklichkeit werden zu lassen. Er verfügte über außergewöhnliche psychische Kräfte und konnte jederzeit mit den Geistwesen im Himmel in Kontakt treten, wobei er in erster Linie von Amor, dem späteren Jesus Christus, geführt wurde.

Seine Lehre konzentrierte sich auf die folgenden drei Hauptpunkte:

Erstens sollten die Menschen auf Mu verstehen, dass Gott ein der Sonne vergleichbares Wesen war, dass er ebenso wie die Sonne sein Licht auf uns Menschen auf der Erde ausstreut. Zweitens sollten die Menschen auf Mu so wie die Sonne voll von Liebe und Barmherzigkeit sein – und diese Liebe und Barmherzigkeit sollte sich durch ein Licht in den Herzen ihrer Mitmenschen widerspiegeln. Drittens lehrte er, dass die Menschen die Vervollkommnung zum Ziel ihres Lebens machen sollten. Dabei bezog er sich aber nicht nur auf die Vervollkommnung im Bereich der Künste oder des akademischen Lernens, sondern in erster Linie auf die spirituelle Vervollkommnung – spirituelle Vervollkommnung war das oberste Ziel seiner Lehre.

La Mu, der 14.000 Jahre später in Indien als Shakyamuni zum Gründer des Buddhismus wurde, hatte also bei genauer Betrachtung die Prinzipien des Buddhismus bereits damals den Menschen auf ihren Weg mitgegeben.

Diese Lehren von La Mu vor 17.000 Jahren können als Anfänge der wahren Religion gewertet werden. Zu jener Zeit gingen Religion und Politik noch Hand in Hand: Das Ziel der Religion war ebenso das Ziel, das die politische Regierung verfolgte, und der beste religiöse Führer war zugleich auch der beste Politiker. Das ist eine vernünftige Einstellung, denn wenn Gott die Menschen geschaffen hat, dann ist es doch wohl das beste, wenn sie während ihres Erdenlebens von jemandem geführt werden, der Gott sehr nahe steht – also von einem religiösen Führer.

La Mu kniete jeden Abend im Tempel und besprach sich mit den Geistwesen der höheren Dimensionen; er fragte sie auch um Rat in Fragen der nationalen Politik. Dies ist die wahre Grundlage der Politik, denn einem Politiker ist Macht über sein Volk gegeben, und ein Fehler von ihm hat Auswirkungen auf das Leben und die Seelen der ganzen Bevölkerung. Wenn sich ein Sterblicher eine solche Macht aneignet, so zeugt das von hochgradiger Arroganz. Ein Politiker sollte gottesfürchtig sein, sein Herz vor Gott öffnen und auf das hören, was dieser ihm mitteilt.

Doch mit dem Tod von La Mu gerieten auch seine Lehren allmählich in Vergessenheit, und damit neigte sich das goldene Zeitalter von Mu seinem Ende zu. Die Menschen glaubten nicht mehr an die Macht der Erleuchtung und begannen, Tiergötzen zu verehren, ein finsterer Kult, der die Prinzipien von Liebe und Barmherzigkeit verhöhnte, so dass der Kontinent bald verhüllt war von schwarzen Wolken dunkler Energie.

Und so versank auch der Kontinent Mu in den Tiefen des Meeres, und zwar in drei Etappen, vor etwa 15.300 Jahren. Selbst die große, moderne Stadt La Mu, die den Namen des großen Führers übernommen hatte, blieb nicht verschont.

Einem Teil der Bevölkerung gelang es zu fliehen. Eine Gruppe zog nach Norden, diese wurden zu den Stammvätern von Vietnamesen, Japanern und Chinesen; andere überquerten den Pazifischen Ozean und ließen sich in der Bergwelt der Anden nieder. Eine dritte Gruppe reiste umher, auf der Suche nach einer neuen Welt, die sie dann schließlich in Atlantis, im Atlantischen Ozean, fand.

5.7 Die Zivilisation von Atlantis

Das Zeitalter von Atlantis lag chronologisch gesehen direkt vor dem unsrigen. Atlantis befand sich im Atlantischen Ozean, in jenem Gebiet, das heute als Bermudadreieck bekannt ist. Zunächst war es eine kleine Insel, nicht größer als Großbritannien, aber nach einem unterirdischen Vulkanausbruch vor 75.000 Jahren wuchs es auf eine kontinentale Landmasse an. Die Besiedlung von Atlantis setzte vor 42.000 Jahren durch Bewohner benachbarter Inseln, einem einfachen Volk, ein.

Von einer wirklichen Zivilisation kann man erst ab einer Zeit von vor 16.000 Jahren sprechen, einige hundert Jahre vor dem Untergang von Mu. Damals wurde Kuthumi geboren, der in einem späteren Leben in Griechenland als der große Wissenschaftler Archimedes verehrt wurde, und der es als seine Aufgabe ansah, ein Volk, das bis dahin vom Fischfang und von der Jagd gelebt hatte, auf eine höhere kulturelle Entwicklungsstufe zu bringen.

Kuthumi war fasziniert von der mysteriösen Kraft des Lebens der Pflanzen. Er wollte wissen, warum Samen aufgehen, warum sie Stängel, Blätter und schließlich sogar Blüten hervorbringen, wie ein Stängel aus einer Knolle wachsen konnte. Nach 20 Jahren eingehenden Studiums hatte er des Rätsels Lösung gefunden — die wahre Energie, die sich *Lebenskraft* nannte.

> *Das Leben ist eine Schatztruhe gefüllt mit Energie. Bei jeder Veränderung seiner Form werden unermessliche Energien freigesetzt und umgewandelt. Wenn es uns gelänge, einen Teil dieser Energie abzuzweigen, so könnten wir sie zum Antrieb von Maschinen verwenden.*

Kuthumi befasste sich die nächsten zehn Jahre damit, einen Weg zu dieser Energie der Lebenskraft zu finden. Er hatte Erfolg, und seine Erfindung war eine neue Art von Licht auf Atlantis, eine Energie, die zum Motor für die neue Zivilisation wurde.

Diese Energie, die Kuthumi aus der *Lebenskraft* gewann, wurde ähnlich wie die Elektrizität von heute in elektrischen Geräten genützt und mit Hilfe folgender Konstruktion gewonnen: Auf dem Fensterbrett jeden Hauses standen Fläschchen mit Blumenzwiebeln, die über einen Nickel-Chrom-Draht mit einer Maschine verbunden waren, welche der Pflanze beim Keimen und Wachsen Energie entzog. Diese wurde in einem Kondensator-Verstärker-Gerät vervielfacht und zur Deckung des gesamten Energieverbrauchs des Haushalts herangezogen.

Als vor 15.300 Jahren die Flüchtlinge von Mu nach Atlantis kamen, erfuhr die Lebensart der Bevölkerung eine dramatische Wendung. Einige der Neuankömmlinge waren nämlich Wissenschaftler, die an die Bewohner von Atlantis ihre Kenntnisse über die Geheimnisse der Pyramidenkraft von Mu weitergaben.

Etwa zu jener Zeit nahm der Große Nyorai Maitreya unter dem Namen Kuzanus menschliche Gestalt an. Er lehrte eine Art Deismus, der die Kraft der Pyramiden mit der Verehrung der Sonne verband: Alle Dinge, die auf natürliche und wissenschaftliche Weise erklärt werden konnten, geschähen im Namen Gottes, denn Gott liebe das natürlich und wissenschaftlich Erklärbare. Das beste Beispiel dafür sei das Sonnenlicht, welches uns durch die Kraft der Pyramiden, also durch seine wissenschaftliche Verwendung, von Nutzen sei, uns zugleich aber über seine geistige Dimension das Herz Gottes offenbare. So stellte er das Sonnenlicht in den Mittelpunkt seiner Lehren.

Von der Kraft der Pyramiden wurde auf Atlantis übrigens standardmäßig in der Luft- und Schifffahrt Gebrauch gemacht.

Die Kultur von Atlantis erreichte vor etwa 12.000 Jahren unter der Führung von Thoth, dem „Allwissenden und Allmächtigen", ihren Höhepunkt. Thoth war ein Genie; ob Religion, Politik, Philosophie, Wissenschaft oder Kunst – der Aufbau der Hochkultur von Atlantis war fast ausschließlich sein Verdienst. Besonderes Talent zeigte er in der Wissenschaft, und mit seiner Hilfe übertraf Atlantis durch seinen Bau von Luftschiffen und U-Booten, welche mit Pyramidenkraft betrieben wurden, sogar das hochtechnologisierte Mu.

Ein Luftschiffe von Atlantis hätte auf uns einen eher seltsamen Eindruck gemacht. Es sah aus wie ein Wal, mit einer Länge von 30 Metern und einem Durchmesser von 4 Metern. Die obere Hälfte war mit Gas gefüllt, die untere Hälfte bot Platz für insgesamt 20 Passagiere. Auf dem Dach hatte das Luftschiff etwas, das aussah wie drei Rückenflossen, in Wahrheit handelte es sich dabei aber um drei silberne Pyramiden, die den rückwärtigen Propeller antrieben. Da die Luftschiffe mit Solarenergie funktionierten, konnten sie auch nur an sonnigen Tagen eingesetzt werden; bei Regen wurden alle Fahrten abgesagt.

Die U-Boote waren aus speziellen Metalllegierungen und hatten die Gestalt eines Orca oder Killerwals; sie waren 20 Meter lang und 4 Meter breit. Der Orca war das Symbol von Atlantis, und auch wenn manche Theorien behaupten sollten, Atlantis wäre nach dem König Atlas benannt, so bedeutet das Wort atlantis doch in Wahrheit „der goldene Orca". Auch diese U-Boote waren an ihrer Oberseite mit drei Pyramiden ausgestattet, die von weitem den Rückenflossen des Orca ähnelten. Die U-Boote tauchten zum Aufladen der Solarpaneele auf, um danach gleich wieder unter Wasser zu verschwinden.

Mit Atlantis wurde das Wissenschaftszeitalter eingeleitet. Nach dem Tod des großen Thoth bemühten sich die Menschen zwar um die Fortführung seiner Lehre, aber leider fand sich niemand mehr, der Thoths breitgefächertes Wissen fortführen konnte. Bald wurde die Wissenschaft als das Ein und Alles im Leben angesehen. Nur einige wenige Menschen hinterfragten die Situation und deuteten darauf hin, dass „die absolute Vorherrschaft der Wissenschaft vielleicht doch nicht dem Willen Gottes entsprach" oder dass „das Ziel Gottes möglicherweise doch in einer anderen Richtung lag". Diese Zweifel ebneten den Weg für einige unbedeutende religiöse Reformatoren, und das Zeitalter – das etwa tausend Jahre währte – ging als das *Zeitalter der Hundert Debatten* in die Geschichte ein.

All das trug sich vor 11.000 Jahren zu ... etwa zu jener Zeit, als Atlantis zu sinken begann. Zuerst verschwand das östliche Drittel des Kontinents im Meer, später, vor 10.700 Jahren dann das westliche Drittel. Nur das mittlere Drittel des Kontinents hielt sich über der Meeresoberfläche – und dort ging das Leben weiter wie eh und je.

5.8 Die Zeit Agashas

Agasha wurde vor etwa 10.400 Jahren (8400 v. Chr.) in Pontis, der Hauptstadt des Kontinents, geboren. Pontis hatte eine Bevölkerung von rund 700.000 und war Sitz der herrschenden Amanda-Dynastie.

Agasha war ein Prinz dieser Dynastie. Ihm war eigentlich der Name Amon gegeben worden, aber als er mit 24 Jahren zum König gekrönt wurde, änderte er seinen Namen auf Agasha um, was soviel bedeutet wie „der Hüter der Weisheit". Agasha war eine frühe Inkarnation von Jesus Christus.

Ebenso wie La Mu hatte auch Agasha zugleich die religiöse wie auch die politische Führung inne. Der zum Palast gehörige Tempel, in dem der König seine religiösen Zeremonien verrichtete, wies die Form einer goldenen Pyramide mit einer Höhe von 30m auf. Ein besonderes Merkmal seiner Herrschaft waren monatliche Versammlungen am Hauptplatz der Stadt, bei denen er vor mehr als 100.000 Menschen predigte. (Dank der Hochtechnologie von Atlantis gab es damals bereits ähnliche Kommunikationseinrichtungen wie heute, z.B. Funkmikrophone etc.).

Agashas Lehre basierte auf der Liebe und ähnelte dem, was er in seinem späteren Leben als Jesus Christus verbreiten würde. Er sprach jedes Mal über etwas anderes, aber seine Grundaussagen lassen sich wie folgt zusammenfassen:

- Gott ist die Liebe, und als Kinder Gottes tragen alle Menschen diese Liebe in ihren Herzen.

- Liebe praktizieren, das bedeutet: Liebe zuerst Gott, dann liebe Deinen Nächsten, denn er ist ein Teil von Gott, und ganz am Schluss liebe den Diener Gottes – also Dich selbst.

- Bete jeden Tag und versuche, mit Deinem Führungs- und Schutzgeist in Kontakt zu treten.

- Die menschliche Liebe wird gemessen an der Qualität der Liebe, die Du gibst, nicht an ihrer Quantität. Versuche daher, die Qualität Deiner Liebe zu verstarken.

Agashas Lehre war beeindruckend, und die Menschen verehrten ihn. Nur eine einzige Gruppe hielt fest an der deistischen

Glaubenslehre von Kuzanus (dem Großen Nyorai Maitreya) und inszenierte ein Komplott, um Agasha zu töten. Denn hatte Kuzanus nicht gelehrt, dass Gott ein rationales Wesen war, das der Wissenschaft und der Logik große Bedeutung zukommen ließ? Und Agasha predigte von Liebe und Führungs- bzw. Schutzgeistern, der absoluten Antithese von Wissenschaft, Rationalität und Logik! Diese Gruppe war überzeugt davon, dass Agashas Lehre die Menschen in die Irre führen und den guten, alten Traditionen von Atlantis ein Ende bereiten würde.

Man muss dazu sagen, dass Agasha zwar ein Übermaß an Güte ausstrahlte, was jedem Menschen auch sofort einsichtig war, dass der durchschnittliche Bewohner von Atlantis aber einen blinden Glauben an die Vorherrschaft der Wissenschaft hatte, der es ihm schwierig machte, an Geistwesen zu glauben, die man nicht sehen konnte.

Es kam schließlich zu einem Aufstand der Deisten, der damit endete, dass Agasha und seine Familie unter dem Hauptplatz lebendig begraben wurden. In dieser Hinsicht hat sich bis heute nichts geändert: Wenn wir versuchen, die Wahrheit zu predigen, stellen sich uns immer und überall die Kräfte des Bösen in den Weg.

Als der Palast gestürmt wurde, gelang einem einzigen Mitglied der königlichen Familie, nämlich Agashas ältestem Sohn, Amon II, die Flucht in einem Luftschiff nach Ägypten. Er lehrte dort die Menschen die Verherrlichung der Sonne und wird bis zum heutigen Tag als Sonnengott Amon Re verehrt. Seine

Lehren gaben auch den Ausschlag für den Bau der ägyptischen Pyramiden.

Viele Engel des Lichts, die zu jener Zeit in menschlicher Gestalt auf der Erde lebten, wurden in der Revolution getötet, und es sah beinahe danach aus, als hätte das Böse in Atlantis gesiegt. Doch als sich die schwarzen Wolken dunkler Energie über dem ganzen Land ausbreiteten, kam es zu einer heftigen Reaktion des Erd-Bewusstseins, und alles, was vom Kontinent Atlantis noch übrig war, versank innerhalb eines einzigen Tages in den Fluten des Meeres.

So verschwand nicht zum ersten Mal eine ganze Zivilisation über Nacht in den Tiefen des Ozeans. Doch wieder gelang einigen die Flucht in Luftschiffen, nach Afrika, Spanien und in die südamerikanischen Anden, wo sie den Grundstock für neue Zivilisationen legten.

5.9 Die Ausbreitung der modernen Zivilisation

Nach der Zerstörung von Atlantis bildeten sich auf der ganzen Welt Zivilisationen in verschiedenen Formen aus. Amon II, der in Ägypten als Gottheit verehrt wurde, verbreitete bei den dortigen Menschen eine Religion des Lichts und lehrte die ausschließlich von der Landwirtschaft lebende Bevölkerung Wunder der modernen Zivilisation. Die Pyramiden, für die diese Zivilisation so berühmt wurde, waren jener Pyramide nachgebaut, die Amon Re für die Verehrung seiner eigenen Person bauen ließ.

Vor etwa 4000 Jahren wurde in Ägypten eine weitere frühe Inkarnation von Jesus Christus geboren, der unter dem Namen Clario bekannt wurde. Er predigte zu den Menschen über die Liebe und die Anbetung der Sonne.

In Südamerika gründeten die Flüchtlinge von Mu und Atlantis zusammen eine eigene Zivilisation. Sie glaubten an Gott als den Mann im All, und ihre Kultur war von dem einen Wunsch beseelt, mit ihm Kontakt aufzunehmen. Zu diesem Zweck bauten sie in den Anden riesengroße Landeplätze für UFOs, so lange, bis König Rient Arl Croud vor 7000 Jahren im Präinkareich in den südamerikanischen Anden an die Macht kam. Er lehrte sein Volk, dass Gott kein Weltraumreisender war, sondern in den Herzen aller Menschen lebte. So sei es die Aufgabe jedes Einzelnen, die Mysterien des Herzens zu erkunden und nach Vervollkommnung des Herzens zu trachten, um möglichst nahe an das Wesen Gottes heranzukommen.

Rient Arl Croud war in Wahrheit eine Reinkarnation von La Mu aus der Zivilisation von Mu sowie von Thoth aus Atlantis. Er sollte später als Gautama Siddhartha, besser bekannt als Buddha Shakyamuni, in Indien wiedergeboren werden, um dort die Lehren des Buddhismus zu verbreiten. Zum Unterschied von den Geistwesen der 4. oder 5. Dimension handelt es sich bei jenen der 9. Dimension um ein großes Bündel von Lichtenergie, wobei nicht das gesamte Geistwesen, also die gesamte Lebenskraft, als Mensch auf der Erde wiedergeboren wird, sondern immer nur ein Teil davon.

Vor 3700 bis 3800 Jahren wurde Zeus in Griechenland geboren. Da er sowohl auf dem Gebiet der Wissenschaften als auch der Künste eine Koriphäe war, erhielt er posthum den Beinamen „der Allwissende und Allmächtige". Zeus ist in der 9. Dimension für die Kunst verantwortlich, und so ist es auch nicht verwunderlich, dass die von ihm geschaffene Kultur so voll von Schönheit war. Seine Lehre hatte im Wesentlichen die Befreiung des menschlichen Geistes zum Inhalt. Er verurteilte die Religionen, die alle dazu neigten, in den Menschen ein Schuldbewusstsein wachzurufen, an dem sie den Rest ihres Lebens litten. Er wollte, dass sich die Menschen frei und unbeschwert entwickeln konnten – und so werden auch viele der Götter der griechischen Mythologie als fröhliche und glückliche Individuen gezeichnet.

Mose wurde vor 3200 bis 3300 Jahren in Ägypten als Sohn von Sklaven geboren. Als Baby in einem Binsenkörbchen am Nil ausgesetzt, hatte er das Glück, gefunden und im Palast des Pharaos aufgezogen zu werden. Erst als Erwachsener erfuhr er von seiner niedrigen Herkunft. Mose führte hunderttausende seiner israelitischen Landsleute aus der ägyptischen Gefangenschaft durch das Rote Meer bis ins Gelobte Land. Auf seinem langen Weg erhielt er zahlreiche Hilfestellungen von Gott, u. a. die berühmten zehn Gebote.

Vor etwa 2000 Jahren wurde Jesus Christus im selben Stamm wie Mose geboren und verkündete als Erwachsener seine Lehre der Liebe. Er wurde gekreuzigt, aber er erstand von den Toten auf und zeigte sich seinen Jüngern. Natürlich zeigte er sich ihnen nur mehr als Geistwesen, aber er setzte sich mit ihnen an einen Tisch und aß mit ihnen, um zu beweisen, dass er tatsächlich zurückgekommen war. Dies war er allerdings nicht in Fleisch und Blut, wie man an seiner anschließenden Himmelfahrt unschwer bemerken kann.

Während seines Lebens auf der Erde wurde Jesus von verschiedenen Geistwesen geführt; für seine Botschaft von Liebe und Glaube sowie für seine Auferstehung war jedoch die Hilfe des Geistwesens Hermes (jenes Geistwesens, das der Gestalt aus der griechischen Mythologie seinen Namen gegeben hat) ausschlaggebend. Dass sich das Christentum zu einer Weltreligion entwickelte, hat seinen Grund darin, dass Jesus den traditionellen Glauben an den rachsüchtigen Gott der Hebräer (auch als Yahweh oder Jehovah bekannt) zugunsten des Glaubens an einen Gott der Liebe aufgab. Diese Lehre von Liebe und Glaube wird auch von dem großen Geistwesen El Cantare vertreten. Hermes und die anderen Geistwesen, die hinter den Göttern der griechischen Mythologie stehen, boten Jesus jene spirituelle Unterstützung, die es ihm ermöglichte, seine Rolle als Erlöser erfolgreich zu leben und seine Lehre im ganzen römischen Reich bekannt zu machen.

Einige Zeit vor Jesus Christus, vor mehr als 2500 Jahren, verbreitete Shakyamuni in Indien den Buddhismus und Konfuzius seine Philosophie in China. Die Samen der Wahrheit verteilten sich so auf die ganze Welt ... und führten auf diese Weise zu unserer heutigen bunt gefächerten Zivilisation.

5.10 *Auf das Goldene Zeitalter zu...*

Wenn wir so auf die Geschichte der Zivilisationen von vor einer Million Jahren bis zur Gegenwart zurückblicken, können wir feststellen, dass sie alle eine Reihe von Gemeinsamkeiten aufweisen.

1. Alle Zivilisationen entstehen und vergehen.

2. Gott (oder Buddha) gibt jeder Zivilisation große Führungsgeister des Lichts mit auf den Weg.

3. Sobald eine Zivilisation ihren Höhepunkt erreicht hat, kommt das Böse ins Spiel und kämpft mit den letzten Strahlen des Lichts. Schwarze Wolken dunkler Energie, die sich über die Menschheit legen, sind die Folge. Dies führt immer zu einer Katastrophe – sei es eine Veränderung in der Neigung der Erdachse oder das Versinken eines Kontinents – aufgrund derer die jeweilige Zivilisation ihr Ende findet.

4. Jede Zivilisation übernimmt gewisse Dinge von der ihr vorangegangenen Kultur, baut aber insgesamt auf anderen Werten auf.

5. Unabhängig davon, auf welchen Werten eine Zivilisation aufbaut, sie ist in jedem Fall ein geeigneter Ort für die spirituelle Weiterentwicklung der Seele durch den Zyklus der Wiedergeburt.

Bei Betrachtung unserer gegenwärtigen Zivilisation unter diesen Gesichtspunkten wird uns früher oder später bewusst werden, dass unsere Zivilisation in der zweiten Hälfte des 20. Jahrhunderts eine auffallende Ähnlichkeit mit den Zivilisationen von Mu und Atlantis kurz vor ihrer Zerstörung aufweist. Auch wir legen großen Wert auf die moderne Technik, materialistische Werte herrschen vor, unsere Herzen haben die Orientierung verloren, soziale Ungerechtigkeit macht sich breit, und die Welt ist voll von betrügerischen „religiösen Führern", welche die Menschen in die Irre führen und sie davon abhalten, jenen zu folgen, die ihnen den wahren Glauben zeigen.

Wenn wir uns ansehen, was mit den vergangenen Zivilisationen geschehen ist, dann ist offenkundig, worauf wir im Begriff sind zuzusteuern. Unsere Zivilisation ist nicht auf einen einzigen Kontinent beschränkt, sie ist über die ganze Welt verteilt – die zu erwartende Katastrophe wird daher globale Ausmaße annehmen. Und alles weist darauf hin, dass uns diese Katastrophe in den nächsten Jahrzehnten heimsuchen wird.

All meine Prophezeiungen basieren auf dem Wissen, dass diese Katastrophe tatsächlich eintreten wird. Ich weiß auch, was mit der Menschheit geschehen wird – und eines kann ich mit Sicherheit verkünden: Egal, wie fürchterlich all das sein mag, was kommen wird, es wird nicht das Ende der Welt bedeuten. Beim Niedergang früherer Zivilisationen glaubten die Menschen, dass das Disaster das endgültige Aus bedeutete. Aber die Menschheit lässt sich nicht so einfach vernichten, irgendwo sprießt sie doch immer wieder hervor, in der Hoffnung auf ein neues Paradies, eine neue Zivilisation voll des Lichts.

Wir Menschen sind dem Zyklus der Reinkarnation unterworfen. In gleicher Weise können wir uns vorstellen, dass auch die Menschheit in ihrer Gesamtheit von Zeit zu Zeit wiedergeboren wird.

Auch bei den Zivilisationen finden wir den Zyklus des ewigen Wandels: Das Ende einer Zivilisation geht Hand in Hand mit dem Beginn einer neuen.

Ich habe dieses Buch *Das Gesetz der Sonne* als direkte Offenbarung aus der 9. Dimension geschrieben, denn unsere Welt, die bald ins Dunkel gestürzt wird, braucht ein Licht, die Menschheit braucht einen Funken in der Dunkelheit, der ihr den Weg zeigt. Dieses Licht ist das Licht der Wahrheit Buddhas. *Das Gesetz der Sonne* selbst ist die aufgehende Sonne der Wahrheit Buddhas, das Licht für die kommende Zivilisation.

Nach mehreren Jahrzehnten der Verwirrung wird im 21. Jahrhundert aus der Asche unserer Zivilisation eine neue steigen. Ihre Ursprünge werden in Asien zu finden sein. Ausgehend von Japan wird sie sich nach Südostasien, Indonesien und schließlich bis hin nach Ozeanien ausdehnen. Einige der Kontinente, die wir heute kennen, werden in den Tiefen des Ozeans versinken, aber ein neuer Kontinent Mu wird sich aus dem Pazifik erheben und zum Mittelpunkt einer großen Kultur werden. Auch Europa und Amerika werden zum Teil versinken. An ihrer Stelle wird sich ein neues und größeres Atlantis aus dem Atlantik erheben – und dort wird Jesus Christus im Jahr 2400 auf die Erde kommen. Im Jahr 2800 wird auch Mose wiedergeboren, und zwar auf dem

Kontinent Garna, der bis dahin im Indischen Ozean entstehen wird. Er wird zum Gründer einer galaktischen Zivilisation werden.

Einige meiner Leser werden zweifellos in der Zukunft zu einer Zeit auf der Erde wiedergeboren, wo sie die Lehren von Jesus oder Mose persönlich anhören können. Ob diese zukünftigen Zivilisationen aber Erfolg haben werden oder nicht, hängt davon ab, ob es uns gelingt, die Sonne der Wahrheit jetzt, heute, in Japan aufgehen zu lassen. Wir wurden alle geboren, um uns dieser großen Aufgabe zu widmen und diesen großen Augenblick mitzuerleben.

Viele jener Personen, die zu den Zeiten von La Mu, Agasha, Shakyamuni oder Jesus Christus geholfen haben, die Wahrheit Buddhas zu verbreiten, sind in der Gegenwart wiedergeboren worden. Unter ihnen befinden sich eine Anzahl von Bosatsu (Engeln) des Lichts, und ich bin mir ganz sicher, dass auch einige meiner Leser dazu gehören.

Das Gesetz der Sonne

· VI ·

DER WEG ZU EL CANTARE (1)

6.1 *Öffnen wir unsere Augen!*

Wir dürfen uns nicht vorstellen, dass wir nur ein- oder zweimal auf dieser Welt leben. Im 5. Kapitel haben wir auf die Geschichte der letzten Million Jahre zurückgeblickt und gesehen, wie sich Kontinente aus dem Ozean erhoben und wieder darin versanken und wie die verschiedenen Zivilisationen blühten und vergingen. Glauben wir wirklich, dass die unzähligen Menschen, die in diesen versunkenen Zivilisationen lebten, nichts mit uns zu tun haben? Glauben wir, dass sie einfach da waren, ohne jegliche Beziehung zu uns?

Wer das glaubt, der irrt. Die Bewohner von Atlantis und Mu waren niemand anders als wir selbst. Tief in unserer Seele liegt eine Schatztruhe, in der Erinnerungen an unsere Leben in Dutzenden oder sogar mehreren hundert vergangenen Zivilisationen gespeichert sind. Das gilt für jeden von uns, nicht nur für jene, die besondere spirituelle Kräfte besitzen. Es ist das Gedächtnis unserer Seele, das jeder von uns in gleicher Weise besitzt. Es ist die Weisheit, die wir in unzähligen Jahren der Reinkarnation erworben haben, welche uns aber während unseres Erdenleben verborgen bleibt.

Was wir für unser individuelles Selbst halten, ist nicht unser wahres Wesen, es ist nicht mehr als eine Hülle, ein Stofftier. Der Körper ist ein Fahrzeug, ein Schiff oder ein Auto, das uns gegeben wurde, um auf die Erde zu kommen, damit unsere Seele spirituell wachsen kann. Wir sind der Kapitän des Schiffs bzw. der Fahrer des Autos, jedoch nicht das Schiff oder Auto selbst. Wir müssen zu unserem wahren Selbst erwachen, zur Seele, die die Vorgänge in unserem Körper steuert. Dieses wirkliche Ich ist es, auf dessen Suche wir uns begeben müssen.

Wenn wir glauben, nach 10 oder 20 Jahren Schulbesuch alles über die Welt zu wissen, irren wir. Denn wie soll uns ein Außenstehender sagen können, wer wir wirklich sind? Nach unserer wahren Identität können nur wir selbst suchen.

Aber was bedeutet es, unser wirkliches Ich zu finden? Es bedeutet, alles über unsere Seele herauszufinden. Das kann nur erreicht werden, indem wir die Tiefen unseres Herzens erforschen. Wer anders als wir selbst könnte das tun? Wenn nicht wir über unser wirkliches Ich sprechen können, wer dann?

Erleuchtung ist eine Begegnung, eine Konfrontation mit unserem wahren Selbst. Sie ist die Fähigkeit, anderen die Wahrheit über unser wirkliches Ich zu vermitteln. Sie ist die Kraft, sagen zu können: „Das bin ich".

Der Weg zu El Cantare (1)

Die menschliche Seele ist ein Teil Buddhas (Gottes). Man kann sie als eine Facette seines künstlerischen Selbstausdrucks ansehen. Wir Menschen sind mit Kreativität und Willensfreiheit gesegnet, aber leider missbrauchen viele diese Chance und vergeuden ihr Leben in Selbstsucht. Schließlich vergessen sie, dass sie eigentlich von Buddha abstammen, missachten seinen Willen, leben egozentrisch und geben sich den Gelüsten des Fleisches und den irdischen Leidenschaften hin. Sobald sie so weit sind, dass ihnen diese Welt wichtiger ist als der Himmel, sind sie verloren. Denn wenn sie in diesem Zustand in die wirkliche Welt zurückkehren, errichten sie dort ein Reich, das genauso aussieht wie die Erde, mit denselben Begierden und denselben Streitigkeiten. Dieses Reich ist das, was wir die Hölle nennen.

Unser wirkliches Ich zu kennen heißt, Buddhas Willen zu kennen und zu wissen, dass wir seine Kinder sind. Öffnen wir unsere Augen, werden wir unserer Spiritualität gewahr und öffnen wir unser Herz der wirklichen Welt in der vierten Dimension und darüber!

Wenn wir damit zufrieden sind, so weiter zu leben wie bisher, wenn uns unsere jetzige Auffassung vom Leben und der Menschheit genügt, dann können wir uns gemütlich zurücklehnen und das Leben genießen, so wie wir es kennen. Wenn wir jedoch unsere Augen der wirklichen Welt öffnen wollen, müssen wir beginnen, die Tiefen unseres Herzens zu erforschen, denn dort werden wir die Hinweise finden, die uns in das Reich Buddhas führen.

6.2 Geben wir alle Bindungen an diese Welt auf!

Um unser wirkliches Ich zu erkennen, müssen wir uns zuerst selbst aufgeben. Mit anderen Worten, um unser wahres Selbst zu finden, müssen wir unser falsches Selbst ablegen. Aber in der Erkenntnis, dass wir ein falsches Selbst besitzen, liegt bereits der erste Schritt zu seiner Entfernung. Das falsche Selbst kann vier verschiedene Ausdrucksformen annehmen:

— *Das Selbst*, das Liebe von anderen nimmt;

— *Das Selbst*, das nicht an Buddha glaubt;

— *Das Selbst*, dem der Wille fehlt, sich spirituell weiterzuentwickeln, und schließlich

— *Das Selbst*, das ganz an diese Welt gebunden ist.

Das Selbst, das Liebe von anderen nimmt

Die erste Ausdrucksform ist ein Selbst, das immerfort versucht, von anderen Liebe zu erpressen. Der Ewige Buddha gab uns das Universum, unsere Seele und unseren Körper. Er gab uns die Sonne, die Luft, das Wasser, das Land, das Meer, die Tiere, die Pflanzen und die Mineralien, aber er verlangt dafür keine Gegenleistung.

Wir Menschen leben in einer Welt, wo uns alles, was wir brauchen, bereitgestellt ist, und doch beschäftigen wir uns nur damit, wie wir es anstellen könnten, noch mehr zu bekommen.

Buddha schenkt uns seine unendliche Liebe. Was brauchen wir mehr, um zufrieden zu sein?

Nur Menschen, die nicht wissen, was Buddhas Liebe ist, versuchen Liebe von anderen zu erpressen. Aber das, wonach sie suchen, ist in Wahrheit keine Liebe, sondern nur weltliche Anerkennung.

Welchen Sinn aber hat Anerkennung, die ganz auf weltlichen Werten beruht? Welchen Verdienst hat Respekt, der in dreidimensionalen materialistischen Wertvorstellungen wurzelt? Wie kann uns all das helfen, geistig zu wachsen? Solche Selbstzentriertheit errichtet nur Barrieren zwischen uns und den anderen, die immer größer werden, bis die ganze Welt einem Zoo gleicht, wo jede Person in einem selbstgebauten Käfig gefangen ist. Aber warum begreifen das nicht alle Menschen?

Es ist eine Sache, die schwer zu begreifen ist, weil wir uns an falsche Bindungen klammern. Solange wir nicht aufhören, an diesen falschen Bindungen festzuhalten, solange wird es uns verwehrt bleiben, wahre Glückseligkeit zu erfahren.

Das Selbst, das nicht an Buddha glaubt

Aber noch mehr zu bedauern sind jene Menschen, die nicht an Buddha glauben, die nicht glauben, dass unsere Welt von Buddha geschaffen wurde. Sie sind der Meinung, dass der Mensch nur das zufällige Produkt der sexuellen Vereinigung von Mann und Frau und die Welt eine Ansammlung solcher zufällig entstandenen Individuen ist. Diese Ausdrucksform des falschen Selbsts ist die am bemitleidenswerteste.

Menschen, die sagen, dass sie nicht an die Erlösung durch Buddha glauben und erst dann seine Existenz akzeptieren, wenn man ihnen einen Beweis dafür liefert, halten sich selbst für so wichtig, dass sie glauben, in einer Position zu sein, in der sie über Buddha richten können.

Aber wie sollen wir denn die Existenz eines Wesens beweisen, das schon vor der Schöpfung der Welt über die Menschheit gewacht hat?

Diese Art von Beweis kann nur in der wirklichen Welt angetreten werden; aber wenn jene ungläubigen Menschen nach ihrem Tod dorthin zurückkehren, wird es zu spät sein. Denn sie werden sich wiederfinden in einer Welt der Dunkelheit und so verwirrt sein, dass sie nicht einmal ihre eigene Existenz beweisen werden können.

Das Selbst, dem der Wille fehlt, sich spirituell weiterzuentwickeln

Das dritte falsche Selbst ist jenes, das sich nicht wirklich für spirituellen Fortschritt interessiert. Menschen mit diesem Selbst sind für gewöhnlich zu faul und zu träge, um sich um spirituelle Weiterentwicklung zu kümmern; außerdem haben sie gar keine Lust, sich dem Studium der Wahrheit zu widmen, sie machen sich nicht die Mühe, andere Menschen fair zu beurteilen, und sind verschlossen und unzugänglich. Doch Buddha erwartet von uns, dass wir alle unsere Leben hindurch nach der Wahrheit streben. Jene, die nicht einmal Anstrengungen in diese Richtung unternehmen, können daher nicht als Kinder Buddhas angesehen werden.

Bemühen wir uns wahrhaft jeden Tag? Versuchen wir täglich, unser Wissen über die Wahrheit zu vertiefen? Erkennen wir den wahren Wert anderer Menschen? Sind wir ehrlich und aufgeschlossen? Menschen, die nicht aufgeschlossen sind, werden ihr Schicksal niemals meistern, sie können keinen spirituellen Fortschritt erzielen. Aufgeschlossen zu sein ist eine Tugend, die dem Willen Buddhas entspricht. Wenn wir anderen immer widersprechen und nicht auf das hören, was sie sagen, ist das ein Zeichen dafür, dass wir nicht aufgeschlossen sind.

Das Selbst, das ganz an diese Welt gebunden ist

Dieses falsche Selbst ist eines, das voll von falschen Bindungen an unsere Welt ist. Um unser wahres Selbst zu erkennen, müssen wir jeden Tag im Geiste Buddhas verbringen. „Jeden Tag im Geiste Buddhas verbringen" bedeutet zu erkennen, dass unsere Erde nicht mehr als ein Ort des Lernens ist, alle Bindungen an diese Welt aufzugeben und sich der Tatsache bewusst zu sein, dass wir in nicht zu ferner Zukunft in die wirkliche Welt zurückkehren müssen. Unsere Erde ist also nur eine Etappe auf unserer Reise, und wir müssen jeden Tag so leben, als wäre es unser letzter, denn wir können nie genau wissen, wann wir sterben. Niemand, der im

Himmel lebt, hat Bindungen an die Erde, aber alle Bewohner der Hölle bleiben an sie gefesselt. Das dürfen wir niemals vergessen.

6.3 Glühen wie rotgeschmolzenes Eisen

Der Entschluss, sich von allen Bindungen an diese Welt loszusagen, ist eine der wichtigsten Entscheidungen, die wir in unserem Leben treffen müssen, verheißt sie uns doch ewige Glückseligkeit in einem ewigen Leben. Haben wir diese Entscheidung einmal getroffen, so bedeutet das jedoch nicht, dass wir fortan ein negatives oder rückwärtsgerichtetes Leben führen müssen. Im Gegenteil — wenn wir uns von den Fesseln lösen, durch die wir früher gebunden waren, so öffnet sich uns der Weg zu einer positiven und sinnvolleren Existenz.

Schauen wir uns nur um bei den Menschen, die um uns leben. Ist es nicht so, dass sich jene, die sich besonders stark an alles Irdische fesseln lassen, damit selbst schwächen? Warum hängen sie so zäh an ihrem Status oder ihrem guten Ruf? Warum vergleichen sie immer ihr Einkommen mit dem der anderen? Warum sind sie so stolz auf ihren akademischen Werdegang oder die Firma, für die sie arbeiten? Warum machen sie sich ständig Sorgen um ihr Aussehen oder darüber, was andere Leute über sie denken? Was bringen ihnen diese Anhänglichkeiten? Was haben sie von der Bewunderung der Menschen dieser Welt? Aus der Sicht des Ewigen Buddha, der größer ist als das gesamte Universum, sind diese menschlichen Bindungen vergänglich, unbedeutend und unwichtig.

Der Weg zu El Cantare (1)

Das wahre Leben, das alle irdischen Fesseln abgeworfen hat, glüht vor Leidenschaft nach der Wahrheit Buddhas wie rotgeschmolzenes Eisen. So ein Leben möchte der Ewige Buddha bei uns, seinen Kindern, sehen.

Für uns Menschen ist es unmöglich, Status, Ansehen oder auf Erden angehäufte Reichtümer mitzunehmen, wenn wir sterben und in die wirkliche Welt zurückkehren. Unsere Berühmtheit in der materiellen Welt hat dort keinerlei Bedeutung mehr.

Ich lüge nicht, wenn ich sage, dass viele ehemalige japanische Ministerpräsidenten in der Hölle schmachten. Auch hunderte, ja tausende von Generaldirektoren, die früher von jedermann auf der Erde beneidet wurden, sind heute zu einem Leben in der Hölle der Lust, der Hölle des Streits oder der Hölle der Tiere verdammt. Und dann sind dort noch all jene Menschen, die in unserer Welt an nichts anderes als an Geld dachten, die nur ihrem Vergnügen frönten und sich während ihres Erdenlebens mit schönen Frauen umgaben. Jetzt müssen sie den Preis dafür zahlen. Für 10, 20 oder vielleicht 30 Jahre des Vergnügens müssen sie nun hunderte von Jahren leiden. Die Hölle ist kein altes Märchen, mit dem man Kinder schrecken kann. Sie existiert wirklich und zwar jetzt.

Wer bereits zur vollen Wahrheit erwacht ist, kann die in der Hölle leidenden Seelen so klar sehen, als wären sie Goldfische in einem Aquarium. All diese Seelen haben eines gemeinsam: Sie müssen um so mehr leiden, je fester ihre Bindungen an die Erde waren.

Unser wahres Selbst ist unser Herz, unsere Seele. Das ist auch das einzige, was wir mitnehmen können in die wirkliche Welt. Das Herz ist alles, worauf es ankommt, und sobald wir das erkennen, können wir unser Leben dementsprechend ausrichten und versuchen, unser Herz rein und schön zu bewahren.

Aber was bedeutet das eigentlich? Es bedeutet, ein Herz zu haben, das Buddhas Lob erweckt, ein Herz, das voll von Liebe ist – oder anders ausgedrückt: ein Herz, das gibt, ein Herz, das inspiriert, ein Herz, das vergibt, ein Herz, das dankbar ist. Sollten wir nicht in unserer Leidenschaft auf der Suche nach der Wahrheit wirklich *glühen wie rotgeschmolzenes Eisen* und alles daran setzen, um ein solches Herz in die wirkliche Welt mitnehmen zu können?

Doch wenn wir die Bindungen an unsere Welt aufgeben, woran sollen wir uns dann halten? Was ist das Gegenteil von irdischer Bindung?

Es ist die Liebe. Denn *lieben* ist gleichbedeutend mit *geben*. Und woran kann eine Liebe gebunden sein, die freiwillig und immerfort gibt, um anderen zu nutzen? Um uns von den Fesseln zu befreien, die uns an diese Welt ketten, brauchen wir daher nur beginnen, anderen unsere Liebe zu schenken.

Denken wir nach: Was haben wir für unsere Eltern getan, die uns aufgezogen haben? Was für unsere Geschwister? Haben wir die Erwartungen erfüllt, die unsere Lehrer in uns gesetzt haben? Was haben wir unseren Freunden gegeben? Was all jenen Men-

schen, deren Wege sich mit den unsrigen im Laufe unseres Lebens
gekreuzt haben? Was unserem Lebenspartner, unserer Ehefrau
oder unserem Ehemann? Haben wir beim Aufziehen unserer eigenen Kinder an all die Opfer gedacht, die unsere eigenen Eltern
für uns aufgebracht haben? Haben wir uns mit jedem, mit dem
wir früher in Hass oder Streit gelebt haben, versöhnt? Haben wir
Versuche unternommen, den Ärger in den Herzen der Menschen
um uns zu lindern? Inwieweit gehen wir festen Schrittes durch
das Leben, und inwieweit versuchen wir dabei, der Liebe Buddhas zu entsprechen?

6.4 *Leben als tägliche Herausforderung*

Wenn wir gelobt haben, unsere weltlichen Bindungen hinter uns
zu lassen, unsere Herzen zu öffnen und als Kinder Buddhas zu
leben, was müssen wir als nächstes tun?

Wir brauchen nicht wie Einsiedler in den Bergen leben, unter
Wasserfällen meditieren, fasten oder die meiste Zeit mit kontem-
plativen Studien verbringen. Wir wurden nicht auf Erden geboren,
um uns in den Bergen zu verstecken oder zu fasten. Shakyamuni hat
uns schon vor 2500 Jahren gezeigt, dass man auf diese Weise nicht
zur Erleuchtung gelangen kann, und das Beispiel seines Lebens sollte für jeden genügend Beweis dafür sein, dass wir durch asketische
Disziplin nicht zu unserem Ziel finden werden.

Erleuchtung kann weder in einem Leben gefunden werden,
das nur sinnlichen Freuden gewidmet ist, noch in einem Leben
körperlichen Elends. Um so zu leben, wie Buddha es von uns er-

wartet, müssen wir beide Extreme vermeiden und den Weg der Mitte gehen. Unser wahres Selbst liegt in unserem Herzen und in unserer Seele. Das bedeutet jedoch nicht, dass wir die Bedürfnisse unseres Körpers zur Gänze ignorieren sollen; es ist nur nicht gut, ihnen übermäßig zu frönen. Unser Körper ist ein wertvolles Geschenk Buddhas, das durch das Zusammentreffen unserer Eltern geschaffen und uns zur Verfügung gestellt wurde, damit wir uns spirituell weiterentwickeln können.

Jeder kann heutzutage ein Auto kaufen, wenn er das nötige Geld dazu hat. Und doch gibt es Autofanatiker, die wie besessen von diesem Gegenstand sind und ihm ihre ganze Freizeit opfern. Wenn wir uns schon derart intensiv um eine bloße Maschine kümmern, um wieviel mehr sollten wir dann erst für unseren Körper tun! Um gesund zu bleiben, sollten wir Bewegung machen, ausgewogene Nahrung zu uns nehmen, genug schlafen und ein geregeltes Leben führen. Wir sollten uns auch nicht dem Alkohol hingeben, denn dadurch werden unsere Wahrnehmungs- und Denkfähigkeiten stark beeinträchtigt. Jemand, der spürt, dass er ohne Alkohol nicht mehr leben kann, hört auf, klar zu denken und gibt sein Leben den Dämonen in der Hölle preis. Das Ergebnis ist immer das gleiche: Versagen am Arbeitsplatz und eine kaputte Familie.

Natürlich ist es einfacher, Ratschläge zu geben als diese in der Praxis auch tatsächlich zu verwirklichen. Je mehr wir uns mit dem Weg der Mitte beschäftigen, um so tiefer und undurchdringlicher erscheint er uns. Irgendwann kommt der Augenblick, wo wir uns fragen, wie wir überhaupt auf diesen Weg gelangen sollen. Wonach können wir uns richten, wie sollen wir unser Leben ausrichten?

Es gibt zwei Möglichkeiten, über die wir auf den Weg der Mitte gelangen können. Eine liegt im Befolgen des edlen Achtfachen Pfads und einem der Meditation und Reflexion gewidmeten Leben. Die andere beruht auf den Entwicklungsstadien der Liebe (vgl. Kapitel 3) und der damit zusammenhängenden Weiterentwicklung unseres Ichs. Wir sollten in unserem Leben von beiden Möglichkeiten Gebrauch machen.

Der Achtfache Pfad lehrt rechte Einsicht, rechte Gesinnung, rechte Rede, rechtes Tun, rechtes Leben, rechte Anstrengung, rechte Achtsamkeit und rechte Sammlung. Basierend auf einer Aufzählung dessen, was „recht" ist, hilft er uns, keinem der beiden Extreme zu verfallen und den Weg der Mitte zu finden.

Sind wir einmal so weit gekommen, dann steht einem Leben in Frieden mit unseren Mitmenschen, in wirklicher und vollkommener Harmonie, nichts mehr im Weg. Doch nehmen wir uns in acht davor, dass wir vor einer übermäßigen Konzentration auf alles, was „recht" ist, nicht zu einer negativen oder pessimistischen Grundeinstellung gelangen. Wenn wir in übertriebenem Maße über unser Leben reflektieren, könnte es sein, dass wir uns dadurch bei unserer spirituellen Weiterentwicklung selbst bremsen.

Angenommen, wir beherrschen den Punkt „Reflexion" zu unserer Zufriedenheit. Unsere nächste Aufgabe besteht dann darin, die Ergebnisse unserer Reflexion in unseren Gedanken und

Taten zum Ausdruck zu bringen. Ein Weg dazu wäre, uns in Dankbarkeit zu üben.

Was ich damit meine? Nun, eine Möglichkeit, Dankbarkeit zu zeigen, besteht natürlich darin, einfach „danke" zu sagen. Aber wirkliche Dankbarkeit geht darüber hinaus. Wirkliche Dankbarkeit besteht darin, dass wir uns fragen, was wir tun können, um nun unsererseits dem anderen zu helfen. Wirkliche Dankbarkeit ist nichts anderes als Liebe, eine Liebe, die gibt. Es ist eine Liebe, die immerfort gibt, eine Liebe, die keine Gegenleistung erwartet.

Von Zeit zu Zeit sollten wir innehalten und uns fragen, auf welcher der Entwicklungsstufen der Liebe (Kapitel 3) wir im Augenblick stehen. Ist es die *Elementare Liebe*, die *Vergebende Liebe* oder vielleicht sogar schon die *Personifizierte Liebe*? Die Feststellung dieser Tatsache ist deshalb so wichtig, weil wir durch sie ein Maß für unseren geistigen Fortschritt haben und so jeden Tag messen können, wie weit unsere spirituelle Vervollkommnung schon gediehen ist.

Reflexion und spirituelle Weiterentwicklung — das sind die zwei Pfeiler, auf denen unser Leben als Kinder Buddhas beruht. Überlegen wir uns jeden Tag, ob wir geistige Fortschritte machen, ob wir uns wirklich weiterentwickeln. Denken wir besonders an Extremsituationen, denn im Licht dieser Situationen können wir unsere Fortschritte leichter messen. Nur wenn wir das wirklich tun, können wir von uns behaupten, den Herausforderungen des täglichen Lebens gewachsen zu sein.

6.5 Bringen wir Glanz in unser Leben!

Doch ein Leben bestehend aus nichts anderem als Reflexion und spiritueller Weiterentwicklung erscheint mir etwas farblos. Das Leben braucht auch ein wenig Glanz, und wir sollten uns überlegen, wie wir diesen Glanz in unser Leben bringen können.

Glanz – das ist, wenn strahlendes Licht aus der Seele ausströmt, ein Ereignis, für das es drei verschiedene Gründe geben kann:

Der erste ist die Heilung einer Krankheit. Krankheit ist eine Zeit der Bewährung in unserem Leben. Wir werden getestet, wie wir damit umgehen. Bei einer Krankheit leiden wir in zweifacher Weise:auf der einen Seite durch körperlichen Schmerz, auf der anderen durch geistige Pein.

Das körperliche Leiden resultiert meistens aus einem unregelmäßigem Lebenswandel, aus Überarbeitung oder Stress der Patienten. Es ist wichtig, zu begreifen, dass jede körperliche Krankheit immer auch eine geistige Wurzel hat. In der Tat liegt die wirkliche Ursache einiger Störungen zur Gänze im Geist. Vergessen wir also bei einer Krankheit nicht, auch nach möglichen Ursachen im geistigen Bereich zu suchen.

Dennoch sind ungefähr 80 Prozent aller Krankheiten auf Besessenheit durch böse Geistwesen zurückzuführen; das bedeutet also, dass die Geister von Toten den Körper einer Person in Besitz nehmen und ihn zwingen, ihre eigene Angst und ihr Leid zu teilen. Dass dem wirklich so ist, erkennt man, wenn diese Geister ausgetrieben werden. Das Fieber der kranken Person verschwindet, sie fühlt sich frischer und ist wieder fähig, sich zu bewegen — ein klarer Beweis dafür, wie empfänglich der menschliche Körper für geistige Einflüsse ist.

Mehr als alles andere verabscheuen Geister, die von jemandem Besitz ergriffen haben, Reflexion und Dankbarkeit. Denn wenn eine kranke Person zu reflektieren beginnt und Dankbarkeit fühlt, beginnt sich eine Aura von ihrem Hinterkopf aus auszubreiten, welche eine Wellenlänge hat, die sich mit der des bösen Geistwesens nicht verträgt, sodass die Besessenheit nicht länger aufrecht erhalten werden kann. Um diese Aura noch heller leuchten zu lassen, muss die kranke Person die Quelle ihrer geistigen Pein eliminieren. Das geschieht, indem sie zunächst feststellt, durch welche Dinge sie an unsere Welt gebunden ist, und diese dann eines nach dem anderen aufgibt.

Wenn man die Behandlung Kranker auf diese Weise beschreibt, so scheint das auf den ersten Blick nur sehr wenig mit Schulmedizin zu tun zu haben. Aber wenn ein Kranker all seine Bindungen an diese Welt aufgegeben hat und bereit ist zu sterben, dann sorgen seine Schutz- und Führungsgeister dafür, dass ihn das Licht der Wahrheit Buddhas durchströmt, und die Krankheit verschwindet sehr schnell. Es ist wahrhaftig ein Wunder. Menschen, die einen solchen Moment wunderbarer Heilung erlebt haben, erfahren dabei so etwas wie ein religiöses Erwachen, welches ihr Leben von Grund auf verändert. Der Glanz, der sie nach ihrer

Heilung umgibt, berührt nicht nur sie selbst, sondern die Herzen aller Menschen in ihrer Umgebung.

Der zweite Zeitpunkt, wo Glanz in unser Leben kommt, ist dann, wenn wir zum Glauben erwachen.

Der Unterschied zwischen einem Leben ohne und einem Leben mit Glauben ist wie der Unterschied zwischen jemandem, der im Dunkel umherirrt und jemandem, der eine helle Lampe in der Hand hat, die ihm den Weg leuchtet.

Unsere dritte Dimension ist eine materialistische Welt, und wenn wir uns so sehr von weltlichen Gütern gefangen nehmen lassen, dass wir nur mehr an den Materialismus als die absolute Wahrheit glauben, werden wir nach und nach dem Vergnügen und der Streitlust verfallen. Menschen, die so weit gefallen sind und die Augen Buddhas vergessen haben, sind besonders bedauernswerte Geschöpfe.

Glaube aber ist wie ein Lichtstrahl, der uns den Weg zeigt. Dieser Lichtstrahl, dieser Glanz, wird uns, die wir bisher blind waren, die wirkliche Welt zu sehen, die Augen öffnen.

Der dritte Augenblick, wo Glanz in unser Leben eintritt, ist dann, wenn wir das Phänomen einer spirituellen Botschaft erfahren, wenn sich die Tore unseres Herzens öffnen und es uns möglich wird, über unser Unterbewusstsein die Worte unserer Schutz- und Führungsgeister zu hören. Über dieses Phänomen sprechen wir viel in der Happy Science: es handelt sich dabei um die Vereinigung mit hohen Geistwesen, die nur von jenen erzielt werden kann, die bereits Erleuchtung erlangt haben. In diesen spirituellen Botschaften vermitteln uns die Geistwesen, unter deren besonderem Schutz wir stehen, wichtige Erkenntnisse über die Wahrheit Buddhas. Je mehr unsere Kenntnisse über die Wahrheit Buddhas voranschreiten, umso mehr Gelegenheiten ergeben sich für uns auch, diese spirituellen Erfahrungen zu wiederholen.

Sowohl direkte wie auch indirekte Kontakte mit den hohen Geistwesen können uns auf diese Weise dazu führen, diese dritte Art des Glanzes in unser Leben zu bringen.

6.6 Zeit ist so wertvoll wie ein Diamant

Um von den Kräften, die uns in diesem Leben gegeben wurden, vollen Gebrauch zu machen, müssen wir die begrenzte Zeitspanne, die uns zur Verfügung steht, so gut wie möglich ausnutzen. Da einer Seele nur alle hundert oder gar tausend Jahre die Gelegenheit gegeben wird, auf der Erde wiedergeboren zu werden, ist diese Zeit eine äußerst wertvolle Erfahrung. Trotzdem lebt die große Mehrheit der Menschen ihr Leben, ohne einen Gedanken daran zu verschwenden, warum sie überhaupt leben.

Sie vergeuden auf diese Weise ihre kostbare Zeit. Wenn sie sich schließlich in ihren letzten Lebensjahren der Existenz Buddhas gewahr werden und geloben, einen Neuanfang zu machen, können sie die verlorenen Jahre niemals mehr aufholen. Zeit kann ebensowenig zurückgewonnen werden wie ein abgeschossener Pfeil oder wie das ständig fließende Wasser eines Flusses.

Aus diesem Grund sind Menschen, die schon in ihrer Jugend zur Wahrheit erwachen, doppelt gesegnet — insbesondere wenn es ihnen gelingt, ihr ganzes Leben in Einklang mit der Wahrheit Buddhas zu leben. Natürlich ist nicht alles verloren, wenn die Wahrheit erst spät im Leben erkannt wird. Denn wenn wir von diesem Zeitpunkt an den Rest unseres Lebens im Dienst an der Wahrheit verbringen, werden wir trotzdem auf ein erfülltes und wertvolles Leben zurückblicken können.

Um ein solches erfülltes und wertvolles Leben zu führen, gibt es einen einfachen Trick. Wir brauchen uns nur vorzustellen, wie wir uns fühlen würden, wenn gerade jetzt der Zeitpunkt unseres Todes gekommen wäre. Wenn wir ehrlich sagen könnten „Ich bin froh, dass ich gelebt habe" oder „Es war ein gutes Leben", dann können wir unser Leben als glücklich und erfüllt betrachten. Würden wir in einem solchen Augenblick allerdings alle unsere Taten bereuen, dann sind wir wirklich bemitleidenswert. Sobald wir in die wirkliche Welt zurückkehren, müssen wir vor einer Versammlung hoher Geistwesen über unser Leben reflektieren. Dieses rollt dann vor unseren Augen wie auf einer riesigen Kinoleinwand noch einmal ab, und zahlreiche Geistwesen werden anwesend sein und zuschauen.

Auf diese Weise erfahren die Menschen, die gerade gestorben sind, was für eine Art von Mensch sie in den Augen Buddhas waren. Die Zeit für Lügen oder Ausreden ist dann vorbei. Unter der Last unzähliger Blicke erkennen sie selbst, wohin sie ab nun gehören. Menschen, die in die Hölle gehen, treffen diese Entscheidung freiwillig. Denn wenn sie mit ihrem Spiegelbild konfrontiert werden und ihre negativen Seiten erkennen, schämen sie sich viel zu sehr, als dass sie im Himmel leben könnten. Etwas technischer ausgedrückt kommen Menschen, deren geistige Schwingungen durch ihr Erdenleben zu grob geworden sind, mit den verfeinerten Vibrationen der Himmelsbewohner nicht mehr zurecht. Sie haben so viel vom Materialismus dieser Welt angenommen, dass ihre geistigen Körper so schwer geworden sind, dass sie von der Schwerkraft nach unten gezogen werden.

Andere Menschen jedoch werden als Helden gefeiert, wenn ihr Leben vor der versammelten Geisterwelt gezeigt wird. Wenn sie zu der Szene kommen, wo sie ihre eigenen Fehler einsehen, Buddha erkennen und ihre Hände in Demut falten, mit Tränen in den Augen, erhalten sie tosenden Applaus; alle Geistwesen kommen und klopfen ihnen auf die Schulter oder schütteln ihnen die Hand. Und an jenem Punkt, wo sie aufstehen und geloben, ihr Leben der Verbreitung der Wahrheit zu widmen, können nicht einmal mehr die Bosatsu des Lichts ihre Tränen zurückhalten.

Diese Reflexion über unser Leben vor den versammelten Geistwesen erwartet uns alle, den einen früher, den anderen später. Aber vor dem Tod gibt es kein Entrinnen; daran sollten wir denken und darauf sollten wir vorbereitet sein. Wir sollten uns immer fragen, was geschehen wurde, wenn wir morgen sterben müssten. Wären wir stolz darauf, wie wir unser Leben gelebt haben? Hätten wir viel zu bedauern? Unser Gewissen kann uns die Antwort darauf bestimmt geben. Wenn wir Wert legen auf ein

Erdenleben so kostbar und leuchtend wie ein Diamant, dann ist es erforderlich, dass wir unser Bewusstsein dahingehend verändern, dass wir unser Leben von dem oben beschriebenen Blickwinkel aus betrachten.

Stellen wir uns also vor, dass wir bald sterben müssten, und denken wir über alles nach, was wir bisher getan haben. Beurteilen wir unsere Taten, als wären wir ein unbeteiligter Dritter. Nützen wir unsere Zeit, die so kostbar ist wie ein Diamant – das ist der Schlüssel zu einem erfüllten und strahlenden Leben.

6.7 Bewahren wir uns unsere Träume!

Jeder Mensch braucht Träume. Ein Leben ohne Träume ist ein Leben ohne Hoffnung. Natürlich ist es wichtig, die Fehler, die wir begangen haben, zu bereuen und wieder von vorne zu beginnen. Aber das bringt uns nur von einem negativen Zustand zum Nullpunkt zurück. Ein Leben ohne positive Aspekte ist trotzdem unbefriedigend.

Einen Traum zu haben heißt einen optimalen Kurs für unser Leben zu planen. Wenn wir ein Haus bauen wollen, dann gehen wir zu einem Architekten, der einen Plan entwirft, dem dann die Baumeister folgen. Das Ergebnis wird ein wunderbares Häuschen sein.

Bei unserem Leben ist der Architekt allerdings niemand anders als wir selbst, und wenn wir uns keinen Plan zurechtlegen, wird das Resultat auch nicht unseren Wünschen entsprechen.

Wenn wir uns schon beim Bau eines Hauses so intensiv mit der Planung beschäftigen müssen, um wieviel mehr Energie sollten wir dann erst einsetzen, wenn es sich gar um unser Leben handelt! Viel zu viele Menschen leben einfach in den Tag hinein und nehmen die Dinge so, wie sie kommen.

Es ist nicht schwierig, einen Plan für unser Leben aufzustellen. Alles, was wir tun müssen, besteht darin, einen Traum für die Zukunft zu ersinnen und daran festzuhalten. Ob jemand Träume hat oder nicht, erkennt man sofort an seinem Selbstvertrauen und seiner Überzeugungskraft. Wenn wir einem Menschen mit Träumen begegnen, dann überträgt sich seine Freude auf uns. Wir wollen plötzlich alles tun, um ihm bei der Verwirklichung seines Traumes zu helfen und werden auch unsererseits motiviert, mehr aus unserem Leben zu machen.

Wer einen Traum verwirklicht, gerät in eine Art Rauschzustand. Ich bin sicher, dass jeder, der etwas Großes geschaffen hat, mit einem persönlichen Traum begonnen hat. Wir, die wir auf dieser Erde geboren wurden, brauchen einfach die Begeisterung und Energie, die uns die Gewissheit gibt, etwas Besonderes vollbringen zu können.

Bescheidenheit braucht uns von solchen Gedanken nicht abhalten. Sie ist zwar ein wesentlicher Teil des geistigen Wachstums, wird aber nur dann notwendig, wenn wir zu selbstsicher werden. Bescheidenheit ist eine Bremse, aber ein Auto, das außer einem Bremspedal nichts hat, fährt nicht. Damit das Auto seine Aufgabe erfüllt, braucht es auch ein Gaspedal. Die Bremse ist nur eine

Vorsichtsmaßnahme. Sie verhindert, dass das Auto außer Kontrolle gerät und in einen Unfall verwickelt wird.

Ich habe an mehreren Stellen dieses Buches vor der Gefahr der Hölle gewarnt. Doch unabhängig davon, wie groß diese Gefahr auch sein mag, es hilft uns nicht weiter, wenn wir die ganze Zeit daran denken und uns Sorgen machen. Es hilft auch niemandem, wenn wir den ganzen Tag mit Gebeten und dem Singen von Sutras verbringen, denn das bringt uns in unserem geistigen Wachstum nicht voran. Wir müssen das Gaspedal betätigen und sollten nur dann bremsen, wenn wir das Gefühl haben, zu schnell zu werden. Wenn wir in unserem Leben positiv und zielgerichtet denken, brauchen wir nur sicherzustellen, dass die Bremse für den Notfall funktioniert, d.h. um eventuelle Fehler zu korrigieren. Ansonsten können wir mit dem Fuß auf dem Gaspedal bleiben und mit voller Geschwindigkeit die Realisierung unseres Traumes in Angriff nehmen.

Ein Traum ist aber mehr noch als ein bloßer Lebensplan. Von ihm geht eine geheimnisvolle Macht aus. Ein Traum ist ein Bild in unserem Herzen, ein Bild, das auch unsere Schutz- und Führungsgeister in der wirklichen Welt sehen und nach dem sie sich richten können. Denn wie sollen sie uns führen und beschützen, wenn wir keine klare Vorstellung von unserem Leben haben, wenn unsere Gedanken zerplatzen wie Luftblasen auf einem See? Unsere Schutz- und Führungsgeister können uns nicht jeden Schritt abnehmen, denn damit würden sie uns unseres freien Willens berauben. Wenn wir hingegen einen Traum haben, den wir verfolgen, dann können sie uns Ratschläge und Inspirationen geben, um dieses Ziel zu erreichen.

Wir brauchen also einen klar umrissenen Traum, dann sind die Geistwesen der wirklichen Welt in der Lage, uns dabei zu helfen, dass er in Erfüllung geht. Das verstehe ich unter wahrer Selbstverwirklichung. Zuerst verwandeln wir unseren Traum in ein fixes Bild in unserem Herzen, dann beten wir zu den Führungs- und Schutzgeistern um Beistand, und mit ihrer Hilfe gelingt es uns schließlich, den Traum Wirklichkeit werden zu lassen. Natürlich sollten unsere Träume so beschaffen sein, dass sie sowohl unserer persönlichen Entwicklung dienen als auch das Glück aller Menschen ins Auge fassen.

6.8 Fassen wir Mut!

Mut – schon der Klang des Wortes allein lässt meinen Puls höher schlagen, und ich frage mich, ob das nur mir so geht. Wenn ich das Wort höre, denke ich an eine Axt, die in einen riesigen Baum geschlagen wird. Ich kann beinahe die regelmäßigen Schläge der Axt hören, wie sie durch den morgendlichen Wald schallen. Der Puls des Lebens. Ich glaube, dass wir es nur deshalb schaffen, uns einen Weg durch die Riesenbäume der Schwierigkeiten, die uns im Laufe unseres Lebens begegnen, zu bahnen, weil uns diese Axt mit dem Namen „Mut" gegeben wurde. Wenn wir das Gefühl haben, vom Druck des Lebens übermannt zu werden, erinnern wir uns an die Axt des Muts! Denken wir in Zeiten der Schwäche oder der Verzweiflung daran, dass Buddha uns diese Axt gegeben hat.

Wenn wir als Menschen auf diese Welt kommen, sind wir blind. Wir können uns nur auf unsere fünf Sinne verlassen, um uns im Leben vorwärts zu tasten. Deshalb hat uns Buddha bei unserer Geburt die Axt des Mutes gegeben und uns aufgefordert, uns damit unseren Weg durch den Wald des Schicksals zu schlagen. Wir alle haben diese Axt an unserem Gürtel hängen, aber nur allzu oft vergessen wir, sie zu benützen. Wenn wir in Schwierigkeiten sind, sollten wir uns nicht gleich an andere um Hilfe wenden. Wenn wir traurig sind, sollten wir uns nicht an den Schultern anderer ausweinen und um ihr Mitleid heischen. Ergreifen wir lieber die Axt des Mutes und zerschneiden wir damit die Seile, mit denen uns das Schicksal festbinden will.

Ich möchte an dieser Stelle ein berühmtes Zen-Koan zitieren, genannt Dairiki Ryonin (Der mächtige Riese) aus der Koan-Sammlung „Mumonkan. Die Schranke ohne Tor" des berühmten chinesischen Priesters Hui-kai (1183–1260). Es ist das 20. Koan von insgesamt 48.

> *Die Menschen haben auf die ungeheure Macht vergessen,*
> *die sie mit sich tragen. Sie sind hypnotisiert vom „gesunden*
> *Menschenverstand" , von dem, was andere Menschen über sie*
> *denken und von den Worten der Ärzte. Sie glauben nichts*
> *anderes zu sein als bloß ein Körper, der jeden Augenblick*
> *zusammenbrechen könnte.*

In Wahrheit jedoch sind wir Kinder Buddhas und als solche ist uns unendliche Macht gegeben.

Wenn wir uns durch Meditation von allem losgelöst haben, werden wir unsere wirkliche Gestalt erkennen – ein Riese, der auf die Welt herunterschauen kann. Die dreidimensionale Galaxie ist im Vergleich zu den höheren Dimensionen nicht mehr als eine Pfütze, und die Erleuchtungsstufen unter jener der Nyorai und Bosatsu sind so winzig, dass wir uns hinunterbeugen müssen, um sie überhaupt wahrnehmen zu können.

Der Priester Hui-kai hat offensichtlich die Erleuchtungsstufe der Nyorai erlangt. Wer einmal so weit gekommen ist, erkennt, dass die wahre Gestalt des Menschen nicht eine in einem knapp zwei Meter großen Körper eingeschlossene Seele ist, sondern ein Bündel an kraftvoller Energie, die sich im ganzen Universum ausbreitet. Manchmal gelangen wir zu dieser Erkenntnis, während wir meditieren: Unser Körper scheint zu wachsen, bis wir so groß sind, dass wir auf die ganze Welt hinunterschauen können.

In Wirklichkeit beginnt jedes menschliche Wesen sein Leben als Riese, ausgestattet mit Macht, Freiheit und Uneingeschränktheit... doch bald verlieren wir diese Eigenschaften aufgrund der Dreidimensionalität unserer Welt und dem „gesunden Menschenverstand", der uns in Schule und Gesellschaft eingehämmert wird. Es dauert nicht lange, und wir glauben daran, dass es weder Geistwesen noch eine wirkliche Welt gibt, womit wir uns selbst an Armen und Beinen fesseln. Wenn wir krank sind, protestieren wir und schreien, dass wir nicht sterben wollen – doch zu diesem Zeitpunkt sind wir bereits nicht mehr als winzige, bemitleidenswerte Kreaturen.

Machen wir von unserem Mut Gebrauch, schwingen wir die goldene Axt und fällen den hochmütigen Baum der weltlichen Verblendungen! Seien wir tapfer – schwingen wir die Axt mit all unserer Kraft und besiegen wir Kummer, Schmerz und die einschneidenden Fesseln des Schicksals.

Mut ist eine unschätzbare Gabe. Wenn wir all unseren Mut zusammennehmen, erkennen wir, dass wir in der Tat die Kräfte eines Riesen haben. Aber selbst wenn wir diesen Mut aufgebracht haben, selbst wenn wir uns von unserem Krankenbett erhoben haben und ein neues Leben zu führen beginnen, selbst wenn wir uns von den Verblendungen des Materialismus befreit haben und zur Wahrheit erwacht sind – selbst dann bleiben wir den Schwingungen der materialistischen Welt ausgesetzt. Und sobald wir den Versuchungen nachgeben, mit denen uns diese dreidimensionale Welt lockt, beginnen unsere Kräfte zu schwinden.

Wenn das geschieht, müssen wir die Zähne zusammenbeißen und weiterkämpfen. Es ist wie bei einem Marathon: Irgendwann kommt der Punkt, wo man so erschöpft ist, dass man glaubt, keinen weiteren Schritt mehr machen zu können. Wenn man dann beharrlich weiterläuft, verschwindet dieser Zustand wie von selbst. Bleibt man aber stehen, ist jede Chance zu gewinnen, vorbei. Halten wir durch, merken wir, dass unsere Füße leichter werden und dass wir es bis zum Ziel schaffen. Viele von uns werden das sicher schon selbst erlebt haben.

Beim Schwimmen über eine lange Distanz ist es nicht anders. Wir atmen schwerer, und der ganze Körper schreit nach Aufhören. Doch wenn wir nicht aufgeben, sondern weiterschwimmen, wird unser Körper eins mit dem Wasser und bahnt sich seinen Weg, gleich wie die Wellen des Meeres.

Das Leben ist natürlich weder ein Marathon noch ein Schwimmwettbewerb über eine lange Distanz. Dennoch bestehen große Ähnlichkeiten: Wenn die Umstände rau werden, müssen wir standhaft bleiben und Durchhaltevermögen beweisen. Wenn uns das gelingt, werden wir neues Vertrauen in uns selbst erfahren und das Licht Buddhas in uns spüren.

· VII ·

DER WEG ZU EL CANTARE (2): EIN AUTOBIOGRAPHISCHER BERICHT

7.1 Wie alles begann

In den letzten Jahren meiner Zeit an der Elementarschule mußten wir viele Stunden am Tag mit Lernen verbringen. Demgemäß war mein Notendurchschnitt für das sechste Schuljahr überdurchschnittlich hoch, und so bestand ich auch die Aufnahmsprüfung für die Kawashima Junior High School – eine Zeit, an die ich gerne zurückdenke.

Ich hatte weiterhin viel Erfolg in der Schule und wurde mehrere Male erster bei landesweiten Wettbewerben und Prüfungen. Auch mein soziales Leben war erfüllt, und ich hatte viele Freunde.

An die Senior High School meiner Wahl zu kommen war allerdings ein sehr schwieriges Unterfangen, insbesondere aufgrund des damals herrschenden Systems der Aufnahmsprüfungen. Unter den Abgängern der Schule, die ich anstrebte, bestanden jedes

Jahr mehrere Schüler die Aufnahmeprüfung an die Universität Tokio, was auch mein großes Ziel war.

Meine Zeit an der Senior High School war leider nicht so glücklich wie meine Tage an der Junior High School. Ich war zwar Mitglied im Kendo-Club, was mir sehr gut gefiel, aber die 2 Stunden Bahnfahrt von und zur Schule täglich bedeuteten, dass ich dauernd müde war. Englisch lernte ich fast nur im trüben Licht der lauten Zugabteile. Ich stand im schwankenden Waggon, das Lehrbuch in der rechten Hand, das Wörterbuch in der linken, eine Füllfeder zwischen meinen Fingern, und versuchte, eine Antwort auf die vielen englischen Fragen zu finden.

Aber obwohl mir schien, dass ich niemals genug Zeit hatte, so viel zu lernen wie ich eigentlich sollte, waren meine Noten äußerst zufriedenstellend. Mein Lieblingsfach war Japanisch und ich war mehrere Male Bester in einem nationalen Korrespondenzwettbewerb. Das gab mir eine Menge Selbstvertrauen, welches mir später als Schriftsteller und Redner in der Öffentlichkeit gute Dienste leistete.

Andere Fächer, die mir sehr gut gefielen, waren die Erdwissenschaften (einschließlich Geographie) und Biologie. Ich hatte auch eine gewisse Neigung für geisteswissenschaftliche Fächer, aber schließlich konzentrierte ich mich in meinem zweiten Jahr auf die Naturwissenschaften, speziell Mathematik und Physik, um meine Schwächen in diesen Fächern zu überwinden.

Mein erstes und zweites Jahr wurden dadurch aufgelockert, dass ich bei der großen Schulaufführung eine Rolle zugeteilt bekam. Wenn ich viel später vor mehr als zehntausend Leuten reden musste, fühlte ich, dass ich mehr aus meiner jugendlichen Bühnenerfahrung machen hätte sollen. Aber da war es natürlich schon zu spät.

Im dritten und letzten Jahr an der Tokushima Jonan (meiner Senior High School) widmete ich mich wieder den Geisteswissenschaften. Der Standard war ungewöhnlich hoch (fünf von dieser Klasse kamen später an die juridische Fakultät der Universität Tokio und einer an die Wirtschaftsfakultät). Im Frühjahr 1976 wurde auch ich an der juridischen Fakultät der Universität Tokio aufgenommen.

In Japan gelten Studenten der Rechtswissenschaften als die akademische Elite des Landes, aber ich fürchtete, verglichen mit den anderen nicht gut genug zu sein. Ich stürzte mich daher abermals ins Lernen: Jus, Politik und politische Theorie, Sozialwissenschaften, Geschichte, Philosophie, Wirtschaft, kommerzielles und industrielles Management, Physik und Chemie, und internationale Beziehungen standen auf meinem persönlichen Studienplan. Ich musste Lehrbücher auf englisch und deutsch lesen und war überrascht, wie gut ich Englisch verstand und lesen konnte.

Aber ich habe nicht nur studiert. Beispielsweise ging ich gerne in einem Park in der Nähe meiner Wohnung spazieren, schlenderte dann nach Umegaoka und schrieb dabei gelegentlich Gedichte. Ich betrachtete oft die untergehende Sonne im Westen und grübelte dabei über Platons Ansichten zur Welt des Geistes nach oder über Kitaro Nishidas *Pure Experience* oder *Looking Into One's True Nature*. Obwohl ich mir dessen nicht bewusst war, begann schon damals mein spirituelles Erwachen, welches dazu führte, dass ich später ein religiöser Führer werden konnte.

Meine glücklichen Tage der ersten zwei Universitätsjahre am Campus in Komaba nahmen ein Ende und ich besuchte nun die juridische Fakultät in Hongo. Unter anderen Projekten, die gut aufgenommen wurden und mir akademischen Ruhm einbrachten, erinnere ich mich, dass ich während der Frühlingsferien des dritten Jahres eine Forschungsarbeit mit dem Titel *Die Wertvorstellungen von Hannah Arendt* verfasste. Arendt war eine amerikanische politische Philosophin, die stark vom altgriechischen politischen Gedankengut beeinflusst war und bei meinen Mitstudenten für ihr außerordentlich schwer verständliches, von Germanismen durchsetztes Englisch berüchtigt war. Ich las alle ihre Werke und arbeitete zwei Wochen lang jeden Tag bis 6 Uhr Früh an meiner schriftlichen Arbeit. Als ich damit fertig war, waren meine Freunde aber nicht besonders beeindruckt. Sie meinten, die Arbeit wäre genau so schwer zu verstehen wie die Werke von Arendt selbst. Mein Lehrer jedoch hielt es für eine reife Arbeit und meinte, dass man in der akademischen Welt noch viel von mir erwarten könne. Ein wenig erweitert und mit einer passenden Einleitung versehen wäre sie sogar für eine Dissertation geeignet. Gleichzeitig ließ er mich aber wissen, dass er daran zweifelte, ob ich wirklich für die Rechtswissenschaften geschaffen wäre, da jemand, der mit solcher Einfühlung über Philosophie schreiben konnte, seiner Meinung nach kaum imstande wäre, die starre pragmatische Art juristischen Denkens zu tolerieren.

Ich war damals gerade 21 Jahre alt und hatte eine Karriere im Rechtswesen oder der Politik vor mir. Aber ich neigte dazu, praktische Themen wie Verfassungsrecht, Zivilrecht oder Strafrecht zu vernachlässigen und mich stattdessen auf abstrakte metaphysische Themen zu konzentrieren. Mein Lehrer, der nach wie vor große Hoffnungen in mich setzte, fühlte sich verpflichtet, zu betonen, wie wichtig es sei, eine gute Grundlage in praxisnäheren Gegenständen zu haben, und daher studierte ich wie all die anderen Studenten in der Bibliothek in Hongo das japanische Gesetzbuch und alle dazugehörigen Präzedenzfälle. Aber es gelang mir nicht, Recht in diesem Sinn als wirklich akademisches Fach zu akzeptieren. Was zum Beispiel das Verfassungsrecht betrifft, war ich nicht glücklich mit der ihm zugrunde liegenden Einstellung. Ich bedauerte meine Mitstudenten, wenn sie genauestens seine Einführung und Richtlinien studierten. Was das Strafrecht betrifft, so konnte ich weder verstehen, wie man auf die Idee kommen konnte, das Recht zu haben, andere zu verurteilen, noch konnte ich ergründen, nach welchen Kriterien man ein Verbrechen definieren sollte. Die Erklärungen, die im Standardlehrbuch *Einführung in das Strafrecht* gegeben wurden, überzeugten mich in keiner Weise. Das Zivilrecht schien keinerlei Beziehung zu Hegels Rechtsphilosophie zu haben. Und Handelsrecht war unerträglich langweilig. Nichts war einschläfernder als die Fallstudien zum Firmenrecht. Mein Interesse lag mehr im philosophischen Bereich.

Ich hatte ähnliche Vorbehalte gegen die Art und Weise, wie Politikwissenschaft gelehrt wurde. Die Versuche eines meiner Professoren, Kunio Yanagidas völkerkundliche Arbeiten und Shichihei Yamamotos Theorie über den Ursprung der Japaner in eine Vorlesung über politische Prozesse einzubringen, erfüllten mich mit Enttäuschung und Unverständnis, da diese Vorgangsweise jeder Logik entbehrte.

Ich hatte ein gewisses Interesse an internationaler Politik im allgemeinen gehabt, wurde aber auch hier enttäuscht, als ich hörte, wie sich ein Universitätslehrer abfällig über den Sicherheitspakt zwischen Japan und den USA äußerte, nur weil seine Sympathien dem linken Flügel galten. Er brachte seine Argumente zwar in klarer Sprache vor, aber seine Schlüsse hielt ich einfach für falsch, was sich in der Tat zehn Jahre später bestätigte, als der kalte Krieg zu Ende ging und die Sowjetunion zerfiel. Meine Intuition hatte sich wieder einmal als richtig erwiesen.

Ich war enttäuscht darüber, wie Recht und Politik an der Universität gelehrt wurden und mir wurde damals klar, dass es keinen einzigen Lehrer an der juridischen Fakultät der Universität Tokio gab, bei dem ich studieren wollte. Ich wusste, ich würde meinen eigenen Weg gehen müssen – ich musste irgendwie zu genügend Geld kommen, um es mir leisten zu können, mich nach einem Studium umzusehen, das mich befriedigte, oder, falls das nicht möglich war, mir selbst ein vollkommen neues Studium schaffen.

Zu Beginn meines vierten Universitätsjahres betrachtete ich daher meine Vorbereitung auf die Anwaltsprüfungen als wesentlichen Teil meiner Suche nach einem zukünftigen Beruf. Ich besuchte 6 Monate lang zusätzlich eine Abendschule, wo ich sehr gut abschnitt. Doch obwohl ich schließlich den Fragen / AntwortTeil meiner Prüfungen mit ausgezeichnetem Erfolg bestand, wurde meine schriftliche Arbeit als nicht dem Standard entsprechend erachtet. Meine eigenen Ansichten und Meinungen waren bereits so fest in meinem Geist etabliert, dass ich ohne Vorbehalte einige der konventionellen juridischen Theorien und Interpretationen der Präzedenzfälle ablehnte. Wahrscheinlich fühlten sich jene Professoren, die meine Arbeit beurteilen sollten, auch dadurch abgestoßen, dass ich mich nicht einmal davor scheute, den obersten Gerichtshof zu kritisieren.

Als ich später mein Scheitern mit den hohen Geistwesen diskutierte, fand ich heraus, dass sie beschlossen hatten, dass ich die Prüfung gar nicht bestehen sollte. Sie waren bereit gewesen, jede Maßnahme zu ergreifen, die sie für notwendig hielten, um zu verhindern, dass ich eine gewöhnliche Karriere einschlug und nur noch irdischen Erfolg sah. Es war mein Schicksal, ein religiöser Führer zu werden und so hätte ich diese Prüfung niemals bestehen können.

Damals bot mir der Personalchef einer Bank, die mit der Regierung verknüpft war, Arbeit an. Er versuchte, mich mit meinem Prüfungsresultat zu versöhnen und erklärte, dass nicht weniger als die Hälfte aller Studenten der Universität Tokio, die den Fragen/

Antwort-Teil der Prüfung beim ersten Termin bestanden hatten, beim zweiten Termin auch bei der schriftlichen Arbeit positiv abschnitten – ein Verhältnis, das im Vergleich zu jeder anderen Universität ungewöhnlich hoch war. Er sagte, er sei sich sicher, dass ich, der ich ja an der prestigeträchtigen juridischen Fakultät war und als Hauptfach noch dazu Politikwissenschaften hatte, die Prüfung das nächste Mal mit einem Spitzenergebnis bestehen würde.

Aber mittlerweile legte ich keinen Wert mehr darauf, meinen Lebensunterhalt im erstickenden Kokon lebenslanger Sicherheit, sei es im Staatsdienst oder einer vergleichbaren Stellung, zu erlangen. Ich beschloss ganz von vorne anzufangen, was unter anderem meine persönlichen Fähigkeiten sehr auf die Probe stellen würde.

Ich wurde zu jener Zeit auch vom Personalchef einer großen Handelsfirma interviewt, der behauptete, genau die richtige Arbeit für mich zu haben. Und ich nahm das Angebot an, sehr zur Überraschung und zum Missfallen meiner wohlmeinenden Freunde. Einer meiner Freunde konnte einfach nicht verstehen, warum ich den Job bei der Bank abgewiesen hatte, der einzigartig gewesen wäre und wofür mich mein Lehrer persönlich empfohlen hatte. Andere Freunde machten sich Sorgen darüber, dass ich für eine Handelsfirma nicht geeignet wäre, vor allem wegen meiner persönlichen Vorlieben. „Du trinkst nicht, du spielst nicht Mah-Jongg, du kommst nicht gut zurecht mit anderen Leuten und du warst niemals im Ausland. Du bist nicht aus dem Holz, aus dem Geschäftsleute geschnitzt sind". Meine engsten Freunde hatten ehrlich Angst um mich und redeten im Laufe der Zeit immer mehr auf mich ein.

Das Studienende rückte näher, aber je näher es kam, desto mehr kehrte meine Begeisterung für das Studieren zurück, und ich versenkte mich in Bücher wie Carl Hiltys *Glück* oder Heideggers *Sein und Zeit*. Ich begann mich mit dem Gedanken zu spielen, ein Philosoph zu werden und verbrachte meine Zeit mit der Lektüre philosophischer und religiöser Bücher, um den Sinn des Lebens zu entdecken.

7.2 Der Weg zur Erleuchtung

Es war der Nachmittag des 23. März 1981, als ich, im warmen Sonnenschein liegend, begann, über mein bisheriges Leben nachzudenken und zu überlegen, was ich in Zukunft machen sollte. Ich kam zu dem Schluss, dass ich immer noch ein Philosoph werden und dieses Ziel mit spätestens 30 Jahren erreichen wollte. Ich war einfach dazu berufen.

Aber mir war klar, dass ich dieses Ziel nicht erreichen konnte, so lange ich nicht finanziell unabhängig war. Im Augenblick reichte meine Arbeit in der Handelsfirma für die Bezahlung meiner Rechnungen und für das tägliche Leben aus. Ich war mir sicher, dass sich ein Weg finden würde, meine Ziele zu erreichen, wenn ich nur dabei blieb, mehr über die Gesellschaft zu lernen und meine privaten Studien weiter verfolgte.

Da spürte ich plötzlich eine unsichtbare Anwesenheit in meinem Zimmer und erkannte intuitiv, dass sie, was immer es auch war, mit mir in Verbindung treten wollte. Ich holte schnell einen Bleistift und einige unbeschriebene Karten. Meine Hand mit dem Bleistift begann sich von selbst zu bewegen. Sie schrieb auf jede Karte „Gute Nachricht", „Gute Nachricht".

„Wer bist Du?" fragte ich. Meine Hand schrieb den Namen „Nikko". Nikko, der meine Hand führte, war einer der sechs ranghöchsten Schüler des buddhistischen Heiligen Nichiren aus dem 13. Jahrhundert.

Ich war erstaunt. Ich hatte bisher keinerlei Kontakt mit der Nichiren-Sekte des Buddhismus gehabt. Außerdem wusste ich, dass „Gute Nachricht" dasselbe bedeutete wie das Wort *Evangelium* aus der christlichen Terminologie, und ich erkannte, dass ich gerade eine Art religiösen Erwachens erfahren hatte. Besonders erstaunt war ich darüber, dass mir auf diese Weise noch während meines Lebens auf der Erde vor Augen geführt wurde, dass es eine Welt der Geistwesen gibt und dass wir Menschen tatsächlich eine Lebenskraft in uns haben, die unsterblich ist.

Damals erkannte ich, dass sich mein eigenes geistiges Auge in den vorangegangenen zwei oder drei Monaten zu öffnen begonnen hatte. Ich war gelegentlich durch seltsame Lichtblitze in meinen Augen verunsichert gewesen. Ein- oder zweimal hatte ich auch eine goldene Aura an der Rückseite meines Kopfes gesehen.

Während meiner ersten zwei Studienjahre an der Universität hatte ich einmal den Tempelkomplex von Koyasan besucht und dort eine Vision gehabt, als ich mich dem inneren Heiligtum näherte. Ich hatte mich in der Zukunft mit geistigen Kräften arbeiten sehen. In genau jenem Jahr war mir auch zufällig ein Buch von Masaharu Taniguchi mit dem Titel *Shinso-Kan (wie man Gott sehen kann)* in einer antiquarischen Buchhandlung in die Hände gefallen. Eines Nachts hatte ich die Technik ausprobiert, die er beschrieb, aber als ich meine Hände faltete, war ich bestürzt über den heißen Energiestrom, der plötzlich durch sie floss, und ich hatte das Buch beiseite gelegt. Seither habe ich es niemals mehr geöffnet. Außerdem war ich ohnehin nicht begeistert von Tanaguchis veralteter Lehre.

Eine noch frühere spirituelle Erfahrung hatte ich im letzten Jahr der Elementarschule gemacht. Ich lag im Bett und erholte mich gerade von einem Anfall hohen Fiebers, als ich plötzlich die Erfahrung von Astralreisen machte – ich besuchte den Himmel und auch die tiefsten Tiefen der Hölle. Ich glaube, ich hatte bereits von frühester Jugend an eine starke Veranlagung für spirituelle Dinge.

Mein Kontakt mit dem Geist von Nikko währte nicht lange, ich wurde aber danach von Nichiren selbst kontaktiert. Er lehrte mich, *die Menschen zu lieben, zu inspirieren und ihnen zu vergeben*, ein Vorläufer jener Lehre, die ich später in den Entwicklungsstufen der Liebe formulieren sollte (siehe Kapitel 3). Damals fragte ich mich, ob ich vielleicht in einem früheren Leben ein Priester der Nichiren-Sekte gewesen war, weil der Geist Nichirens mich ein Jahr lang regelmäßig besuchte. Heute bin ich jedoch davon überzeugt, dass die Absicht dieser Besuche darin bestand, mich dazu zu bringen, die falschen Lehren, die in seinem Namen immer wieder verbreitet wurden, zu widerlegen.

7.3 Das Auftreten Christi und die Mission Buddhas

Im Juni 1981 erschien mir Jesus Christus und offenbarte mir seine Wahrheit in all ihrer Größe. Er sprach mit leicht ausländischem Akzent, aber was er sagte, war voll von Ehrlichkeit, Kraft und Liebe. Mein Vater war zu dieser Zeit bei mir und die Anwesenheit eines Geistwesens von einer so hohen Dimension verschlug ihm die Sprache. Wenn ein Geistwesen aus einer hohen Dimension auf diese Weise auf der Erde erscheint, ist es von einer geheimnisvollen Strahlung umgeben, die den eigenen Körper sehr warm werden lässt, und die Worte, die es spricht, sind derartig mit Wahrheit und Licht erfüllt, dass man zu Tränen gerührt ist.

Im darauffolgenden Monat öffnete sich mir ein bis zu diesem Zeitpunkt verborgener Teil meines Unterbewusstseins, von wo aus plötzlich Gautama Siddhartha – der Buddha Shakyamuni – in einer Mischung von Japanisch und Altindisch zu sprechen begann. Er drängte mich, mein Schicksal zu akzeptieren und das Wort Buddhas zu verbreiten, denn ich sei eine Inkarnation von El Cantare[15], dem hinter Shakyamuni stehenden großen Geist-

---

[15]   Die irdischen Leben des Geistwesens von Shakyamuni sind die folgen-

wesen. Er erklärte mir, dass es meine Aufgabe wäre, alle lebenden Geschöpfe durch die Offenbarung und Verbreitung der Wahrheit auf der ganzen Welt zu erlösen. Die Rolle des Großen Nyorai Shakyamuni sei zweifach, unterrichtete er mich. Die eine Seite wird durch den Nyorai Amida repräsentiert (die Erlöserseite Buddhas), dessen Wesensmerkmale Liebe, Barmherzigkeit und Glauben sind, die andere Seite durch den Nyorai Mahavairocana (die Wesensseite Buddhas), der Erleuchtung ist, spirituelle Vervollkommnung und das geheime Wissen über die Welt der Geistwesen. Sollte der erste Aspekt in mir dominieren, würde ich ein großer Erlöser werden, bekäme aber der zweite Teil die Oberhand, würde ich stattdessen der Mahavairocana-Buddha (die große Erleuchtung) werden, der sogar den Vairocana-Buddha der Avatamsaka-Sutra oder der Mahavairocana-Sutra übertraf.[16]

Ich war über all das mehr als bestürzt und überrascht. Ich war zwar religiös erzogen worden und akzeptierte die Existenz einer Welt der Geistwesen als bewiesene Tatsache, aber diese spirituelle Erfahrung war so überwältigend und der Umfang der mir übertragenen Mission so enorm, dass ich meinen Schock und meine Verblüffung nicht verbergen konnte. Das einzige, was ich

---

den: La Mu => Mu, Thoth => Atlantis, Rient Arl Croud => Inkareich, Ophealis => altes Griechenland, Hermes => altes Griechenland, Gautama Siddhartha => altes Indien, Ryuho Okawa => heutiges Japan. Sie stellen also Shakyamunis geistige Bruderschaft in der neunten Dimension dar.

[16] wörtl. „Sutra des Großen Glänzenden"; Sutra des Mahayana-Buddhismus, ein grundlegendes Werk der tantrischen buddhistischen Schulen Chinas und Japans (z.B. Shingon-Sekte). Anm. d. Übers.

sofort begriffen hatte, war, dass ich eine Reinkarnation von Buddha sein sollte und dass es an mir lag, die Geistwesen im Himmel umzuorganisieren, die verschiedenen Religionen auf der Erde zu integrieren und eine neue Weltreligion zu schaffen. Es war meine Aufgabe, alle Völker der Erde in diesem neuen Glauben zu vereinigen, den Weg für eine neue Zivilisation zu ebnen und der Welt die Ankunft eines neuen Zeitalters zu verkünden.

Ich fühlte mich noch nicht bereit dafür. Ich benötigte Zeit, um einerseits die Welt der Geistwesen zu erkunden und andererseits ganz gewöhnliche Erfahrungen in meinem menschlichen Leben zu machen. Ich beschloss daher, bis zu meinem 30. Lebensjahr weiter zu arbeiten. Und so geschah es, dass trotz allem inneren Aufruhr mein Leben nach außen hin völlig normal und unauffällig verlief. 1982 wurde ich ein Jahr lang zur Schulung in die Hauptstelle meiner Firma nach New York geschickt. Ich, der eine Botschaft von Jesus empfangen hatte und von Buddha für ein großes Unternehmen beauftragt war, verbrachte Tag um Tag mit meinen Mitarbeitern an der Wall Street im brodelnden Netzwerk der internationalen Finanz.

Nach 100 privaten Englischstunden an der Berlitz Schule für Sprachen bestand ich die Aufnahmeprüfung an der New York University und studierte dort internationale Finanzen in einer Klasse, wo alle Englisch als Muttersprache hatten. Ich studierte mit Geschäftsleuten, die alle etwas über 30 Jahre alt waren und von Firmen wie der Bank of America, Citibank oder Merrill Lynch kamen, das Um und Auf des internationalen Devisensys-

tems. Aber ich war keineswegs glücklich mit meiner Tätigkeit.
Eine unüberbrückbare Kluft tat sich auf zwischen der Wirklichkeit des täglichen Lebens und den gleichermaßen wirklichen Ereignissen meiner spirituellen Erfahrungen. Manchmal ertappte
ich mich dabei, wie ich auf das World Trade Center in Manhat-
tan blickte, wo ich arbeitete, und mich fragte, was wohl wirklicher
war: diese riesigen Gebäude, die den Himmel zu berühren schienen oder die Stimmen, die ich in meinem Herzen hören konnte.
Mein Glaube und mein Identitätsgefühl wurden auf eine harte
Probe gestellt.

Mein Schulungsjahr war trotz allem ein großer Erfolg und
mein Vorgesetzter fragte mich, wie ich auf das Angebot, für immer in Amerika zu bleiben, reagieren würde. Das war eine noch
nie dagewesene Chance, und das hieß auch, dass ich auf dem
besten Weg zu einer absoluten Spitzenposition war. Aber ich war
mehr interessiert an dem Manuskript, an welchem ich zu dieser Zeit arbeitete: an einer Zusammenstellung aller spirituellen
Botschaften, die ich empfangen hatte. So lehnte ich das Angebot
ab und empfahl statt mir einen jüngeren Kollegen, ein Akt, der
in der Geschäftswelt als außerordentlich selbstlos und großzügig
angesehen wurde, der für mich aber den entscheidenden Schritt
in Richtung meiner Berufung als religiöser Führer darstellte. Ich
kehrte nach Japan zurück.

Dort verbrachte ich die nächsten zwei Jahre mit der Vorbereitung auf die Aufgabe, die auf mich zukam. 1985 publizierte
ich *Die spirituelle Botschaft von Nichiren, Die spirituelle Botschaft*

Christi, Die spirituelle Botschaft von Amaterasu-O-Mikami und *Die spirituelle Botschaft von Sokrates.* Ich war noch immer bei der Handelsfirma angestellt und publizierte daher diese Bücher unter dem Namen meines Vaters; mich selbst gab ich lediglich als Mitautor an.

Aber irgendwann kam, was einfach kommen musste. Im Juni 1986 erschienen mir der Reihe nach Jesus Christus, Ame-no-minakanushi-no-kami und andere Geistwesen und machten mir klar, dass jetzt die Zeit gekommen war, mich an die Öffentlichkeit zu wenden. Und so kam es, dass ich am 15. Juli desselben Jahres – gerade eine Woche nach meinem 30. Geburtstag – bei meiner Firma kündigte und meinen ersten Schritt in Richtung Freiheit machte.

Ende des darauffolgenden Monats, im August 1986, begann ich mit der ersten Version von *Das Gesetz der Sonne* (auf Japanisch) und vollendete es Anfang September. Im Oktober schrieb ich *Das Goldene Gesetz* und beendete auch dieses Buch im Monat darauf. Die Publikation dieser Werke, in welchen ich meine Botschaft verkündete, zog eine Schar von Menschen an, die alle aufrichtig nach der Wahrheit suchten.

7.4 Glaubt an mich und folgt mir nach

Meinen ersten Vortrag hielt ich am 8. März 1987 in der Ushigome Public Hall in Tokio. An die 400 Leute waren erschienen, um mich über *Die Prinzipien der Glückseligkeit* sprechen zu hören, wo ich die vier Grundprinzipien, die den Kern meiner Lehre bilden, darlegte: Die Prinzipien der Liebe, des Wissens, der Reflexion und der Entwicklung.

Damals plante ich auch die zukünftige Entwicklung der von mir ins Leben gerufenen Bewegung. Die ersten drei Jahre sollten dem Studium des spirituellen Gesetzes in seiner grundlegendsten Form gewidmet sein, dem Training der religiösen Ausbildner und der Aufstellung von Statuten für eine unabhängige Bewegung. Danach würden wir uns darauf konzentrieren, die Botschaft so weit wie möglich zu verbreiten und nach einer weltweiten Expansion trachten.

Im April 1987 erschien die erste Ausgabe eines monatlichen Magazins, das Auszüge aus meinen Vorträgen und Schriften enthielt und über Richtung und Fortschritt der Bewegung berichtete. Gleichzeitig wurden weitere Vorträge und Seminare abgehalten, was sich in einer zunehmend größeren und engagierteren Mitgliederschar auswirkte.

Von meinen leidenschaftlichen Vorträgen in ganz Japan animiert, wurde meine Zuhörerschaft immer größer. 1988 war nicht einmal in der Hibiya Public Hall, die 2000 Leute fasst, genügend Platz für alle Zuhörer. 1989 war das Kokugikan (Sumo-Stadion) in Ryogoku mit 8500 Sitzen und 1990 die Messehalle in Makuhari, die über 10.000 Leute fasst, bei jeder meiner Reden voll belegt.

Am 7. März 1991 – 4 Jahre nach meinem ersten Vortrag – wurde Happy Science schließlich offiziell als religiöse Organisation anerkannt: Das war ein weiterer Meilenstein in der von mir gegründeten Bewegung. Symbolisches Haupt der Bewegung ist der Große Nyorai Shakyamuni, auch unter dem Namen El Cantare bekannt, Führer der hochentwickelten Geistwesen der neunten Dimension und Reinkarnation des hochverehrten Buddha.

Bei der ersten der jährlichen Feiern zu meinem Geburtstag, die im Tokio Dome im Juli 1991 stattfand, waren nicht weniger als 50.000 Gläubige anwesend. Eine solche Anhängerschaft bedeutet, dass Happy Science schon innerhalb des Jahres, wo sie offiziell als Religion anerkannt wurde, zu einer der größten Religionsgemeinschaften Japans geworden war. Einen solchen Anstieg der Mitglieder einer religiösen Gruppierung hat es weder vorher noch danach jemals gegeben.

Bei jener Feier offenbarte ich der versammelten Gemeinde, dass ich in Wirklichkeit El Cantare war und beschrieb die Aufgabe, die mir als dem Buddha des Großen Fahrzeugs (Mahayana) übertragen worden war.

Im September rief ich die *Revolution der Hoffnung* ins Leben, um die dunklen Wolken, die über den japanischen Nachrichtenmedien hängen, wegzufegen und das japanische Volk von der spirituellen Umweltverschmutzung zu befreien, die es hartnäckig verseucht. Das war ein Wendepunkt in der Schlacht zur Schaffung eines Buddhalandes im Nachkriegsjapan.

1992 und 1993 bekräftigte ich meine Lehren und ihre Grundlage auf den buddhistischen Prinzipien weiter und hielt

Vorträge, die durch die Satellitentechnologie via Fernsehen im ganzen Land zu sehen waren. Während dieser Zeit zog die Revolution der Hoffnung Anhänger in ganz Japan an und die Gesamtzahl der Gläubigen erreichte 10 Millionen.

Auch unser *Wunderplan (Miracle Plan)* der Jahre 1991 bis 1993 war ein ungeheurer Erfolg und trug wesentlich dazu bei, dass Happy Science als Religion auf der Grundlage des Glaubens an El Cantare akzeptiert wurde.

Meine Aufgabe ist es nun, den Menschen auf der ganzen Welt zu berichten, dass El Cantare aus der neunten Dimension auf die Erde gekommen ist, und ihnen seine Mission zu erklären. Wir sehen vor unseren Augen die Ankunft des höchsten Buddha, des obersten Erlösers, auf Erden. Die Welt ist in einem Zustand der Reinigung begriffen, und durch den Glauben an El Cantare kann die Menschheit zur höchsten Form der Erlösung gelangen.

Verbreitet diese Botschaft an alle auf der ganzen Welt:

Glaubt an mich und folgt mir nach. Ich bin Euer ewiger Meister.

NACHWORT

Sie haben gerade ein Buch gelesen, das ohne Parallele in der ganzen Welt ist, ein Buch, welches eine klare Erklärung für die Schöpfung des Universums, die Stadien der Liebe, die Struktur der Erleuchtung und den Aufstieg und Fall der Zivilisationen gibt. Darüber hinaus enthüllt es auch die wahre Natur von El Cantare. Ich rate Ihnen, an das zu glauben, was in diesem Buch steht, denn eines Tages, in einem späteren Leben, werden Sie es als „Heilige Schrift" vorfinden.

Beachten Sie, wenn Sie dieses Buch verstehen wollen, dass ich das Wort „Buddha" dem Wort „Gott" vorziehe, weil das mehr in Übereinstimmung mit unseren grundlegenden Lehren ist.

Durch die Lektüre dieses Buches werden viele von Ihnen vielleicht spontan Antworten auf Fragen gefunden haben, die ihnen viele Bände religiöser und philosophischer Werke nicht geben konnten.

Ich hoffe aufrichtig, dass dieses Buch dazu beitragen kann, die Menschen auf der ganzen Welt zur Wahrheit zu erwecken, so dass sie sich ihrer Aufgabe als Erlöser der Menschheit bewusst werden. Dieses Buch wird das Licht der Wahrheit in den Herzen der Menschen entzünden und ihnen Hoffnung auf eine Zukunft geben, die voll von Glückseligkeit ist.

Jetzt, wo ich diese Zeilen schreibe, hat Happy Science mehr als 10 Millionen Mitglieder auf der ganzen Welt. Als die größte Quelle der Erleuchtung in Japan übt sie nicht nur auf dem Gebiet der Religion, sondern auch in Politik und Wirtschaft eine Führungsrolle aus.

Ryuho Okawa

Gründer und Vorsitzender der Happy Science Gruppe

Januar 2011

ÜBER DEN AUTOR

Ryuho Okawa ist ein globaler Visionär, Denker und Autor. Sein einfaches Ziel: den Menschen dabei zu helfen, wahre Glückseligkeit zu finden und so eine bessere Welt zu erschaffen. Bis heute wurden seine Bücher weltweit über 100 Millionen Mal verkauft und in 28 Sprachen übersetzt.

In seinen Büchern bespricht er zentrale Themen, wie: das Wesen der Liebe, wie unsere Gedanken die Realität beeinflussen und der Weg zur Erleuchtung.

1986 hat Okawa Happy Science als spirituelle Bewegung gegründet, die sich der Aufgabe widmet, die Menschheit glücklicher zu machen, indem sie Religionen und Kulturen zu einem Leben in Frieden vereint.

Seit seinen Anfängen in Japan ist Happy Science rasch zu einer weltweit tätigen Organisation angewachsen. Die spirituellen Workshops, die Happy Science anbietet, stehen Menschen aller Glaubensrichtungen und Gesellschaftsschichten offen; sie wurzeln in denselben einfachen Prinzipien der Glückseligkeit, die Okawas eigenes spirituelles Erwachen angeregt haben.

Okawa engagiert sich leidenschaftlich für das spirituelle Wachstum anderer Menschen; er schreibt und veröffentlicht nicht nur Bücher, sondern hält auch weltweit Reden.

ÜBER HAPPY SCIENCE

Happy Science ist eine globale Bewegung, die Menschen befähigt, Sinn und spirituelle Glückseligkeit zu finden und ihre Familie, ihr Umfeld und die Welt an dieser Glückseligkeit teilhaben zu lassen.

Mit über 12 Millionen Mitgliedern weltweit hat es sich Happy Science zum Ziel gesetzt, das Bewusstsein für spirituelle Wahrheiten zu erhöhen und unsere Fähigkeit zu Liebe, Mitgefühl und Freude weiterzuentwickeln, damit wir gemeinsam die Art von Welt erschaffen können, in der wir alle leben wollen.

Die Aktivitäten bei Happy Science basieren auf den Prinzipien der Glückseligkeit (Liebe, Weisheit, Selbstreflexion und Fortschritt). Diese Prinzipien umfassen globale Philosophien und Überzeugungen, wodurch sie kulturelle und religiöse Grenzen transzendieren.

Die Liebe lehrt uns, uns großzügig hinzugeben, ohne etwas dafür zu erwarten; sie umfasst das Geben, Pflegen und Vergeben.

Die Weisheit führt uns zur Erkenntnis spiritueller Wahrheiten und öffnet uns für den wahren Sinn des Lebens und den Willen Gottes (des Universums, der höchsten Macht, Buddhas).

Die Selbstreflexion lässt uns unsere Gedanken und unser Handeln achtsam und nicht-wertend (wertfrei) betrachten und hilft uns so, unser wahrhaftigstes Selbst zu finden – die Essenz unserer Seele – und unsere Verbindung zur höchsten Macht zu vertiefen. Sie hilft uns, einen reinen und friedvollen Geist zu erlangen und führt uns auf den rechten Lebensweg.

Der Fortschritt betont die positiven, dynamischen Aspekte unseres spirituellen Wachstums – Handlungen, durch die wir Glückseligkeit überall auf der Welt manifestieren und verbreiten können. Dieser Weg fördert nicht nur unser Seelenwachstum, sondern auch das kollektive Potenzial der Welt, in der wir leben.

Über IRH PRESS

IRH Press Co., Ltd., mit Sitz in Tokio, wurde im Jahr 1987 als Verlagsabteilung der Happy Science Gruppe gegründet. IRH Press veröffentlicht religiöse und spirituelle Bücher, Zeitschriften sowieMagazine und betreibt auch Radiosender und Filmproduktionen. Weitere Informationen finden Sie unter www.okawa-books.com.

KONTAKTDATEN

Happy Science ist eine Organisation, die weltweit Glaubenszentren unterhält. Eine vollständige Liste aller Zentren findet sich unter www.happy-science.org.

Berlin (Deutschland)

Rheinstraße 63 · D-12159 Berlin
Tel.: +49 (0) 30 7895 7477 · Fax: +49 (0) 30 7895 7478
kontakt@happy-science.de · www.happy-science.de

Wien (Österreich)

Zentagasse 40-42/I/Ib · A-1050 Wien
Tel./Fax: +43 (0) I 94 55 60 4
austria-vienna@happy-science.org · www.hs-austria.at

Luzern (Schweiz)

Neustadtstrasse 7 · CH-6003 Luzern
switzerland@happy-science.org · www.happy-science.ch

Internationale Zentrale

Tokio (Japan)

1-6-7 Togoshi, Shinagawa · Tokio 142-0041
Tel.: +81 (0) 3 6384 5770 · Fax: +81 (0) 3 6384 5776
tokyo@happy-science.org · www.happy-science.org

WEITERE BÜCHER
VON RYUHO OKAWA

DAS GOLDENE GESETZ
Die Geschichte der Menschheit in den Augen des ewigen Buddha

DER AUFSTIEG DURCH DIE DIMENSIONEN
Die Gesetze der Ewigkeit

DANKE, MIR GEHT ES BESTENS!
Herausforderungen gelassen meistern

SELBSTHEILUNG
Die wahre Beziehung zwischen Geist und Körper

WER SEIN LEBEN VERÄNDERT, VERÄNDERT DIE WELT
Ein spiritueller Leitfaden zum Leben im Jetzt

DIE ESSENZ DES BUDDHA
Der Pfad der Erleuchtung

DIE HERAUSFORDERUNG DES GEISTES
Karma und menschliches Glück

DER URSPRUNG DES GLÜCKS
Ein Ratgeber, um Glück, Liebe, Weisheit und Vertrauen zu erlangen

DER URSPRUNG DER LIEBE
Vom Wesen des Mitgefühls

DER PFAD ZUM GLÜCK
Wie ihr noch in diesem Leben zu leibhaftigen Engeln werden könnt

DIE HAPPINESS-PRINZIPIEN
Vier Wege für ein wirklich gutes Leben

MANIFEST DER GLÜCKSREALISIERUNGSPARTEI

DAS GEHEIMNIS HINTER DER VERGEWALTIGUNG VON NANKING
Eine spirituelle Beichte von Iris Chang

SEI UNBESIEGBAR
Mit Siegerdenken zu mehr Glück und Erfolg

DIE UNERSCHÜTTERLICHE GESINNUNG
Wie Sie die Schwierigkeiten des Lebens überwinden können

EINLADUNG ZUM GLÜCKLICHSEIN

7 Eingebungen deines inneren engels

DAS GESETZ DER GERECHTIGKEIT

Wie wir Weltkonflikte überwinden und Frieden stiften können